福祉職・介護職のための

マインドフルネス

1日5分の瞑想から始めるストレス軽減

池埜聡

Satoshi Ikeno, Ph.D.

中央法規

はじめに

　社会福祉の現場で働く人々の健康と幸福を支えたい。ストレスが緩和され、澄んだこころで仕事に向き合っていただくために——本書は、マインドフルネスによる癒しとウェルビーイング向上の可能性を福祉職・介護職に就く方々に伝えるために編み出されました。

　マインドフルネス——今、この瞬間への意図的な注意に伴うあるがままの気づき。とらわれからの解放、そして幸福そのものの意味を指し示す方法として、ここ数年欧米を中心に圧倒的な勢いで支持されるようになりました。その理由として、2500年以上の時空を超え、今なお耕され続けるテーラワーダ（上座部）仏教の瞑想法に由来する成熟した癒しのメソッドであること、そして認知行動科学や脳神経科学などにおける精緻な科学的治験によってその効果が実証されるようになったことがあげられます。

　苦しみの内にある人々の視点に立ち、その人々と環境とのインターフェイスに着目して、生活状況の改善やウェルビーイングの向上に寄与する福祉職・介護職。本書を通じて、そのお一人おひとりとマインドフルネスの素晴らしさを共有したいと思います。そして、弱き立場にある人々の主体性と尊厳を尊重し、実り多き仕事を実現するために、マインドフルネスを役立ててほしいとこころから願っています。

　本書は、三つの点に留意して作成されました。1点目は、「わかりやすさ」です。可能な限り平易な言葉を用い、具体例をあげながら説明するようにこころがけました。2点目に、安易なハウツー本にならないよう、マインドフルネスの効果に関連するメカニズム（機序）について、できる限りアップデートされた理論的・実証的な情

報を示すようにしました。マインドフルネスが心身におよぼす影響を多角的に理解していただくことで、マインドフルネスへの関心を高めてほしいという思いがあります。3点目として、福祉職・介護職の現場にいかせるマインドフルネスの実践方法を描写するようにこころがけました。利用者との援助関係や認知症対応、そして介護現場などを想定したプラクティスの方法を紹介しています。

　急速に社会の注目を集めるマインドフルネスは、今や商品のブランド戦略にも活用され、食料品やグッズに「マインドフル○○」と銘打たれるようになりました。マインドフルネスの表層的な部分が切り売りされていく様相、それはマインドフルネスのマクドナルド化──「マクマインドフルネス（McMindfulness）」とも称され、憂慮されています。

　マインドフルネスはストレス軽減にとどまらず、生き方そのものの意味を探求する心身のあり方に通じる深遠な営みです。本書も、単なるテクニックとしてマインドフルネスをとらえてはいません。また、あらゆる苦悩に対する万能薬のような位置づけもしていません。一方で、継続したマインドフルネスの取り組みから、福祉職・介護職の方々にとって、今までとは違う視点で仕事をとらえ、とらわれの手放しと新たな仕事の価値を見出すきっかけを得ていただけると確信しています。

　マインドフルネスは難しいものではありません。苦行を強いることもありません。温かく、しなやかな「気づき」による自分への癒しを促し、仕事の価値、そして生きる意味の探求に優しく伴走してくれます。本書を通じて、読者の皆さんの日常にマインドフルネスが散りばめられ、ストレスから解放され、豊かな時の流れが訪れることをこころから祈念しています。

本書の使い方

構成

- 本書は各項において、本文と「5分でできるプラクティス」（以降、「プラクティス」とします）の2部で構成されています。
- プラクティスでは、多様な瞑想方法を解説しています。マインドフルネスを実践・練習する際の参考としてください。
- コラムとして、マインドフルネスを実践した福祉職の声を取り上げています。福祉の現場で実践する際の参考としてください。

マインドフルネスを続けるために

- プラクティスは1日5分間、毎日続けていくことを想定しています。そのサポートとして音声ガイドを用意しており、下記のURLから入手いただけます。なお、音声ガイドがあるプラクティスの一覧は次頁の表のとおりです。

マインドフルネス瞑想ガイド URL
https://sites.google.com/site/mindfulnesssatoshiikenohp/

本書におけるプラクティス名	音声ガイド名
第1章01　プラクティス「呼吸瞑想」	Mindfulness 5 minutes（5分バージョン） Mindfulness 15 minutes（15分バージョン）
第2章01　プラクティス「痛みの瞑想」	Meditation for Pain Relief
第2章02　プラクティス「ネガティブな感情へのマインドフルネス」	Meditation for Negative Emotion
第2章03　プラクティス「ボディスキャン」	Body Scan
第2章04　プラクティス「慈しみの瞑想」	Loving Kindness Meditation
第3章04　プラクティス「許しの瞑想」	Meditation for Forgiveness

■ 最初は音声ガイドを聞きながら瞑想をご体験ください。慣れてきたらガイドなしで練習してもまったく問題ありません。

■ 第1章01「マインドフルネスへのいざない」でご紹介する呼吸瞑想（5分バージョン）に慣れてきて、もう少ししっかり経験したいという人は、同じサイトの"Mindfulness 15 minutes"（15分バージョン）をお試しください。

■ 上記のプラクティス以外にもたくさんのマインドフルネスの方法を本書でご紹介しています。それらは音声ガイドを必要としません。どうかご自身のペースで取り組んでみてください。

注）現在うつ病で治療中の方や精神疾患等で治療を受けている方、あるいはマインドフルネスに不安を感じる方は、医師にご相談のうえ、マインドフルネスのプラクティスにご参加ください。

CONTENTS

はじめに
本書の使い方

第1章 マインドフルネスをはじめてみよう！

01 マインドフルネスへのいざない ... 2
　5分でできるプラクティス❶ 呼吸瞑想 ... 9

02 ストレス低減のメカニズム ... 15
　5分でできるプラクティス❷ 食べる瞑想 ... 20

03 うつから身を守るために ... 23
　5分でできるプラクティス❸ 歩く瞑想 ... 28

04 創造性を高めよう ... 32
　5分でできるプラクティス❹ 日常のマインドフルネス ... 38

第2章 ストレスから身を守り、気づきをもたらす五つの方法

01 からだの痛みを和らげる ... 46
　5分でできるプラクティス❺ 痛みの瞑想 ... 51

02 怒りを鎮める ... 55
　5分でできるプラクティス❻ ネガティブな感情へのマインドフルネス ... 60

03 共感力を高める ... 64
　5分でできるプラクティス❼ ボディスキャン ... 69

04 コンパッション〜慈しみの覚醒 ... 73
　5分でできるプラクティス❽ 慈しみの瞑想 ... 78

05 脳を整え、注意力を高める ... 82
　5分でできるプラクティス❾ 注意力を高める二つの瞑想 ... 87

第3章 マインドフルネスを福祉の現場でいかす

01 介護職を支える ……… 98
　5分でできるプラクティス⑩ 介護職を支えるマインドフルネス ……… 106

02 ワーク・ライフ・バランスを整える ……… 111
　5分でできるプラクティス⑪ WLBのためのマインドフルネス ……… 117

03 認知症とマインドフルネス① 〜認知症当事者を支える ……… 120
　5分でできるプラクティス⑫ 認知症高齢者と行うマインドフルネス ……… 125

04 認知症とマインドフルネス② 〜家族介護者を支える ……… 129
　5分でできるプラクティス⑬ 許しの瞑想 ……… 133

05 リーダーシップをはぐくむ ……… 137
　5分でできるプラクティス⑭ リーダーシップをはぐくむマインドフルネス ……… 145

06 "傷つき"から身を守る ……… 148
　5分でできるプラクティス⑮ 傷つきから身を守るマインドフルネス ……… 156

07 介護施設運営にいかす ……… 160
　5分でできるプラクティス⑯ よりよい介護施設運営のためのマインドフルネス ……… 167

　参考 マインドフルネスのプログラム例 ……… 178

初出一覧
謝辞

第 **1** 章

マインドフルネスを はじめてみよう！

01 マインドフルネスへのいざない

マインドフルネスとは？

　マインドフルネスは、インドからスリランカ、あるいは東南アジア諸国に伝来したテーラワーダ（上座部）仏教において、一つの修行の行き着くところを意味するパーリ語のサティ（Sati）に由来します。サティは、「こころにとどめておく」「思い出す」「念」などの意味を表します。ごく一部の僧侶たちに開かれていたサティに至る修行法は、現代社会でストレスの低減や症状緩和のために世俗化され、幸福を得る手段として「マインドフルネス（mindfulness）」に変容しました[1)2)]。

　アジアにおいて2500年以上の歩みのなかで熟成されてきた「"生きる意味"を耕す方法」は、2000年以降、脳神経科学を含む科学的治験によってその効果が検証され、圧倒的な支持のもと欧米社会に受け入れられるようになりました。今、その方法がマインドフルネスとして、仏教の伝統をもつ日本に、いわば逆輸入のようなかたちで上陸し、享受できるようになりました。

　2500年の伝統に根ざしながら、現代社会に息づくマインドフルネス。その定義を紐解いてみましょう。

　2013年12月に発足した「日本マインドフルネス学会」は、マインドフルネスを**「今、この瞬間の体験に意図的に意識を向け、評価をせずに、とらわれのない状態で、ただ観ること」**と定義しています[3)]。最後の「観る」は、あえて「見る」を使わず、視覚によるものに限定されない、こころとからだ全体で「気づく」ことを示唆しています。

　近年、欧米を中心に急速な実践の広がりをみせているマインド

フルネスストレス低減法（Mindfulness-Based Stress Reduction: MBSR）の創始者、J. カバット・ジン氏は、マインドフルネスを「意図された注意の払い方で得られる今、この瞬間のあるがままの気づき」と定義します[4]。

前者の定義は、今、この瞬間への気づきを耕す「態度」、後者の定義は今、この瞬間に気づいている「状態」としてマインドフルネスを表しています。また、MBSRなどストレス低減や症状緩和のための「方法」という意味でマインドフルネスを用いることも少なくありません（イラスト参照）。さらに、今にこころを寄せることのできる生来からの「資質」を表すこともあります。

本書では、マインドフルネスを「方法」の意味で用いることが多くなります。しかし、マインドフルネスは単なるテクニックやメソッドではなく、「今」にどのような態度で向き合い、どのような状態で過ごそうとするのか、いわば「その人となり」と「生き方そのもの」にも通じる深遠な概念であるという前提を忘れず、常に意

識して構成しました。心身から湧き起こる「生きる意味」や「人を支える価値」の源泉と、その先にある豊かでのびやかな人間観、そして援助観への道をマインドフルネスは指し示すのです。その素晴らしさを本書を通じて皆さんと享受できること、こころから嬉しく思います。

福祉職とともに

　本書は、高齢、障害、児童、医療、精神保健、女性支援、地域、そして公的扶助などの福祉現場で働くソーシャルワーカーやケアマネジャー、そして施設などの介護職（以下、「福祉職」として総称）の健康を守りたい、マインドフルネスの素晴らしさを伝えたいという思いで編み出されました。

　マインドフルネスは、ストレス低減や情動調整といった効果にとどまりません。その営みは、利用者の尊厳と主体性の尊重に根ざし、環境との相互作用に焦点を当てながらウェルビーイングを利用者とともに耕していくという社会福祉固有の価値の体現と重なり合っていきます。マインドフルネスにふれることで、社会福祉の価値の深遠さをこころとからだで感受し、実践していく原動力を得ることができると確信します。

　マインドフルネスの向こう側にあるもの。それは、共感を越えた「人の苦しみを取り除きたい」という根源的な熱意の再生であったり、可視化できない人や万物との共生感の醸成であったりします。マインドフルネスの経験を通じて、生きること、死ぬこと、幸福感といった意味の転換と、自己と他者の存在を慈しみとともに迎え入

れることのできる入り口が見えてくることでしょう。

この章を含め、これから福祉職にとって仕事場や日常生活で活用しやすいマインドフルネスの方法を紹介していきます。マインドフルネスをストレス低減のための「ハウツー（how to）」として描くこともあります。ただ、ご紹介する一つひとつの方法には、テクニックを越えた社会福祉の価値の深化、福祉の仕事の素晴らしさを感受していくこころのスペースの広がり、そして自分にとっての**「生き方」の再発見**につながっていく可能性が秘められていることを忘れないでほしいと願っています。

……とはいっても……。「マインドフルネスっていわれても、ピンとこない」と感じている読者の皆さんも少なくないと思います。実際にプラクティスを体験するなかで、皆さんにとっての真のマインドフルネスが生まれ、深められていきます。本書を通じてご紹介するマインドフルネスの練習方法をやりやすいものから日常に取り入れていってほしいと思います。

もちろん、福祉職に限定されず、医療、心理、保健、教育、司法分野の専門家、さらに一般の方々にとっても、本書はマインドフルネスの効果とそのメカニズムを理解し、実践を深めてもらえる道具となることでしょう。本書を通じてより多くの方々にマインドフルネスに出会ってほしいと願っています。

マインドフルネスの衝撃

マインドフルネスは、欧米、そして日本において、一大ブームといっても過言ではない広がりをみせています。アメリカ国立衛生研

究所（NIH）によると2012年の時点で、アメリカ国内の成人のうち約8％（約1800万人）、4〜17歳の未成年者の1.6％（約92万人）が代替医療としてマインドフルネスを含む瞑想法を取り入れており、今も増加傾向にあります[5]。

「マインドフルネスは、国民にはびこるストレスを緩和させ、思いやりと寛容さに満ちたアメリカン・スピリッツの再生に不可欠である」。アメリカ下院議員ティム・ライアン氏は、マインドフルネス研究への国家予算の増大を訴えます[6]。ライアン氏は、"*A Mindful Nation*" というベストセラーを2012年に出版。彼は国会議員、政策担当者、議員秘書、司法関係者とともにマインドフルネスの実践を継続し、マインドフルネスをアメリカ社会に根づかせる努力を続けています。アメリカ国会議事堂内の一室で、スーツを身にまとった紳士淑女たちが呼吸瞑想にいそしむ光景は、もう珍しいものではなくなりました。

マインドフルネスを国作りの基盤に据えようとするのはイギリスです。2016年10月、全党派の国会議員によって "*Mindful Nation UK Report*"（マインドフルネスに基づくイギリス国家構築のための調書）が提出されました[7]。100名以上の国会議員、最高法院の議員、政策担当者たちがマインドフルネスのプログラムを受講し、その調査結果をもとにマインドフルネスを国家形成のための土台と位置づける、という画期的な宣言となっています。まずは保健、司法、教育分野で具体的なマインドフルネス・プログラムを作り、実践していくことが確認されています。調書は80頁を超える詳細なもので、イギリス政府にマインドフルネス推進を提言する熱意にあふれたものとなっています。

第1章　マインドフルネスをはじめてみよう！

　世界のリーディングカンパニー——グーグル、マイクロソフト、アップル、スターバックス、ドイツ銀行、プロクター＆ギャンブル、ゴールドマン・サックス、ゼネラル・ミルズ、リクルート。これら各社は、マインドフルネスを社員の健康教育とリーダー養成のために取り入れています。

　"The Mindful Revolution"（マインドフルネス革命）。アメリカ主要情報誌「TIME」が2014年2月号に放ったメイン・タイトルです[8]。この記事では、ストレス低減、うつ再発予防、がん疼痛コントロール、不眠改善、依存症治療、トラウマ・ケアなど、マインドフルネスが幅広く臨床に応用されるようになったアメリカの現状が報告されています。

　「あなたはどんな瞑想を続けているの？」。イギリスやアメリカのビジネス界では、あいさつ代わりにこんな会話が飛び交います。瞑想やマインドフルネスといった言葉は、専門領域にとどまらず、一般市民に浸透する段階にあります。マインドフルネスとは特別の技法ではなく、また特殊な経験をするために行うものでもありません。**人々の日々の営みに寄り添い、ストレスからこころのスペースを設け、一人ひとりにとって幸せを感受するための智慧としていかされているのです。**

マインドフルネスへの招待

　さあ、始めましょう！　マインドフルネスは実際に経験することでその意味や効果がわかってきます。頭で理解するだけではその素晴らしさを享受できません。

マインドフルネス＝マインドは「こころ」、フルは「十分に」、ネスは「状態」を意味するとまずは考えてください。定義でも示したように、**「こころを十分に込めている状態」**、あるいは**「今、この瞬間にきちんとこころを寄せて気づくこと」**となります。この理解からマインドフルネスをスタートしていきましょう。

　皆さんは1日のうち、今、この瞬間を感じ、気づいている時間はどれくらいありますか。こんな経験をされたことはないでしょうか？──お風呂場で髪を洗い終わるころ、「え？　リンスしたっけ？」と戸惑う。利用者やその家族と面談中、ぼんやり今晩の夕食の買い物のことを考えてしまう。仕事を終え自宅のガレージに車をとめた途端、「どうやって帰ってきたんだろう」と道中が思い出せない。

　「勝手に色々な思いや考えがめぐる自動操縦状態のこころ」。こころのハンドルを握っていない状態です。過去の利用者の記憶に苛（さいな）まれたり、書類の山を思い出して夜眠れなくなったり……。こころはいつの間にか不安や怒りの渦中（かちゅう）に巻き込まれます。そしていつしか、渦中の中心に自分を立たせ、自分やまわりのことをネガティブな目で見てしまう。やめよう、気を紛らわそう、と思ってもじわじわ勝手に湧き起こってくる嫌な気分……。いわゆるストレス状態です。

　マインドフルネスは、自然発生的に生じるネガティブな感情や痛みに支配されず、とらわれない「こころのあり方」を育てるための具体的な方法を提供します。脱中心化、すなわち湧き出る想念の渦中から抜け出す道を指し示すマインドフルネス。練習の手始めとして、まずは呼吸に気づくところから始めてみましょう。

5分でできるプラクティス①

呼吸瞑想

　マインドフルネスのプラクティスを始めていきましょう。まずは静かに呼吸に意識を向けてみます。呼吸に注意を向けていくこのプラクティスを「呼吸瞑想」と呼びます。

　瞑想というと神秘的なもの、あるいは胡散臭さ(うさんくさ)を感じる方も少なくないでしょう。「無」になるとか、超人的なパワーを得るといったイメージは、瞑想への大きな誤解です。呼吸に意識を向け、こころに自然と生じる思いや考えの移ろいに気づき、また呼吸に注意を戻して、今を生きる営みを感受していくこと。これが呼吸瞑想です。

　次の練習を1日5分間、続けてみましょう。この練習をサポートする音声ガイド、"Mindfulness 5 minutes"（5分バージョン）は本書冒頭の「本書の使い方」記載のURLから入手いただけます。もし呼吸瞑想に慣れてきて、もう少ししっかり経験したいという人は、同じサイトの"Mindfulness 15 minutes"（15分バージョン）をお試しください。

　最初はこのガイドを聞きながら呼吸瞑想をご体験ください。慣れてきたらガイドなしで練習してもまったく問題ありません。

❶いすでもいいですし、床の上でもかまいませんのでリラックスして座ってください。背筋を緊張しない程度に少し伸ばして、手はゆったりと膝か太ももあたりに置いてください。疲れているとき

は、背もたれにもたれてもいいです。目は閉じてもいいですし、閉じなくてもかまいません。

❷気持ちが落ち着いたら、ゆっくりと呼吸に意識を向けます。鼻呼吸をしましょう。鼻腔を通る空気の冷たさや温かさ、肩、胸、おなかの動き、呼吸の始まりと終わりなど、どれでもいいですから一つの感覚に注意を向けます。注意を向ける対象が移り変わっても、それに気づいてさえいれば問題ありません。

❸色々な思いや考え、記憶などが出てきて、こころが呼吸から離れることがあります。これはとても自然なことです。呼吸から気をそらせたものは何か、どんな考えや記憶が出てきたのか、いい・悪いで判断せずに興味をもって眺めてみましょう。

❹そして、こころが呼吸から離れたことに気づいたら、ゆっくりとやさしく呼吸に注意を戻していきましょう。こころが呼吸から離れても大丈夫。急がずに、こころでにっこり笑って、また呼吸に注意を戻していくことを繰り返していきましょう。

こんなときはどうするの❓

瞑想中に動いてしまうとき

瞑想中、「動いてはいけない」と思い込んでいないでしょうか？ 雑念が出てきても、いい・悪いで判断せず、迎え入れましょう。雑念に気づき、準備が整ったらやさしく、緩やかに、からだも元の姿勢に戻しながら注意を呼吸に戻していきましょう。

第1章　マインドフルネスをはじめてみよう！

　呼吸は、いのちの源であり、一番身近で自然な営みですね。意識的にもできるし、無意識でも行えるのが呼吸の特徴です。無意識による自動的な営みである息の出入りを意識化していく呼吸瞑想は、今、この瞬間の自分の存在に気づく格好の練習となります。

　よく呼吸に集中できず、「瞑想がうまくいかない」「自分には向いていない」と判断してしまう人がいます。これはマインドフルネス瞑想への誤解です。呼吸に集中する時間が長ければ長いほど成功、短ければ短いほど失敗、というのは誤ったとらえ方です。

呼吸から意識がそれても何の問題もありません。注意がそれたことで自分を責めたりせず、また、浮かんできた思いや考えの内容にいい・悪いといった判断をしないで、ありのままの移ろいを受け入れながら、またゆったりと呼吸に意識を戻していきましょう。呼吸に戻れるごとに、マインドフルネスの耕しが深まるとお考えください。

　マインドフルネスの効果は1日で得られるものではありません。でも早い人は、1週間が過ぎるころ、心身の変化に気づいていきます。最初は1日5分から。たったの5分。朝昼晩、いつでもかまいません。ご都合のいい時間に、練習してみてください。

> COLUMN

マインドフルネスを実践した福祉職の声

　各項の最後に、私が他のプログラムを元に考案したマインドフルネス講座「福祉職のためのマインドフルネス・プログラム（Mindfulness Program for Japanese Social Workers: MPJSW）」を実際に受講した福祉職の声を中心に、「コラム」と称してさまざまな情報を紹介していきます。

　この講座は、隔週5回、1回2時間のグループワークで構成されました。講座期間中は、毎日呼吸瞑想を続けてもらい、その他の瞑想法も段階的に取り入れてもらいました。

　ある県の社会福祉士会の協力を得て、集まってくれたのは25名。高齢、障害、精神保健、公的扶助、医療など多彩なフルタイムのソーシャルワーカーで、平均年齢は40歳代、福祉職としての平均就業年数は10年を超えていました。実施されたのは、2016年6～7月のことです。平日あるいは土曜日の夜の時間に街の会館まで足を運んでもらい、マインドフルネスのプラクティスを積み重ねていきました。

　講座終了後1か月ほどしてから、マインドフルネスを経験することによって生じた参加者の変化を確かめるため、一人ひとりへのインタビューを実施しました。コラムは、その逐語録を元にしています。

　講座の詳細は、次頁の表としてまとめられています。各プラクティスは、どれも本書で取り上げていくものばかりです。

プラクティス	講義	課題
1 3分間呼吸空間法	・マインドフルネスとは ・Doingモード・Beingモード ・効果機序	・音声ガイドによる5分の呼吸瞑想 ・マインドフルネス記録
2 呼吸瞑想	・なぜ呼吸なのか ・アンカーとしての呼吸 ・マインド・ワンダリングとは	・音声ガイドによる15分の呼吸瞑想 ・マインドフルネス記録
3 歩行瞑想 　日常における 　マインドフルネス	・歩行瞑想とは ・歩行を含む日常の行為を用いたマインドフルネスの練習法 ・マインドフルネスへの誤解	・音声ガイドによる15分の呼吸瞑想 ・1日1回の歩行瞑想 ・マインドフルネス記録
4 ボディスキャン	・マインドフルネスと臨床 ・身体感覚を通じた共鳴とは ・痛みとマインドフルネス	・音声ガイドによるボディスキャン ・マインドフルネス記録
5 慈悲瞑想・振り返り	・コンパッションとは ・セルフ・コンパッションとは ・全体の振り返り	・音声ガイドによる慈悲瞑想 ・呼吸瞑想、ボディスキャン、歩行瞑想のいずれかを毎日続けていく

<図表1　福祉職のためのマインドフルネス・プログラム>

　講座、そしてインタビューにご協力くださった福祉職の方々にこころから感謝申し上げます。

02 ストレス低減のメカニズム

することモード・あることモード

　マインドフルネスがなぜストレス低減に効果があるのか。日本におけるマインドフルネス認知療法（Mindfulness-Based Cognitive Therapy: MBCT）の第一人者である早稲田大学教授、越川房子氏は、私たちの「こころの動き」を二つに分け、マインドフルネスがストレスに立ち向かうメカニズムをわかりやすく説明しています[9) 10)]。MBCTから導き出されたその二つとは、**「することモード（doing mode）」**と**「あることモード（being mode）」**です。

　「することモード」は、目標（ゴール）を決め、それに向かって突き進むときのこころのあり方です。駆り立てられるような状態でしょうか。書類の山を処理し、面接や家庭訪問をこなし、介護や会議に追われる……。福祉職に限らず、仕事に追われているときのこころは、このモードにならざるを得ませんね。

　ただ、こころが「することモード」だけに支配されると、少し厄介です。「今」は、目標が達成されていないわけですから、常に不満足な状態となります。目標から「今」を眺めて、「できていない」という気分を突きつけてきます。目標と「今」とのギャップを埋めることばかりに気を取られて、つい過去の習慣的な解決策に頼りがちになります。でも、過去はうまくいったことばかりではありません。そのため、過去の嫌な記憶にもふれることになります。

　未来（目標達成）を憂い、過去（これまでの解決策）に思いを馳せる。「頑張らなきゃ！」。こんな状態が無意識のうちにずっと続いていませんか。自分を奮い立たせ、闘うモードで緊張を自らに強いる。交感神経系がいつも優位になり、心身のストレス状態が維持さ

れてしまいます。

一方、「あることモード」は、マインドフルネスによって耕されます。「あることモード」のこころは、目標を設定せず、今、この瞬間の感覚に気づく、目覚めるような状態です。勝手に湧き起こる考えや思い、

過去の記憶や未来への不安を「いい・悪い」で判断せず、ただ受けとめ、「今」にこころを寄せていきます。「することモード」によって生み出された「とらわれ」からスペースを設け、ストレスに支配されない、瑞々しい本当の自分との出会いが可能になります。

こころのギア・チェンジ

「あることモード＝ぼーっとする時間」ではありません。むしろ逆で、しっかりと今、この瞬間にこころがある、意図的な気づきの時間です。マインドフルネスを用いた臨床に精通するメリーランド大学終身フェローの大谷彰氏は、「日本語の『気づき』には『何かに注意が向いた』というパッシブ（受動的）で非自発的なニュアンスが伴うのに対して、マインドフルネスの『気づき』はこれとは対照的に『何かに（意図的に）注意を向ける』というアクティブで積極的な活動である」と述べています[11]。マインドフルネスによって、感覚はむしろ明晰になり、五感が研ぎ澄まされていきます。

「あることモード」は、今、この瞬間を感じている自分に気づ

き、見つめるもう一人の自分、心理学では「メタ認知」と呼ぶ「一段上の客観的な自分」を耕すことにつながっていきます。

息の出入り、雑念、身体感覚、感情反応などをあるがままに意識し、客観的に見つめていきます。この姿勢は、空を飛ぶ「鳥の目」のようにメタ（上位）の視点から自分を俯瞰する経験を耕し、メタ認知力を高める効果が期待されます。「あることモード」に身を置くことで、「することモード」から距離を置き、ストレスに巻き込まれない「真の自分の姿」を見出すことが可能になるでしょう。

でも、現実は……。次から次へと仕事が舞い込み、プライベートでは家族の世話や雑務に追われる日々。「あることモード」だけでは、とても生活できませんね。「することモード」は、ある意味、目標に向かって突き進む原動力にもなり、手放せないものです。

大切なことは、越川房子氏の言葉を借りると「二つのモードのギア・チェンジ」が日常に組み込まれることです。それも意図的に。本書でご紹介していくマインドフルネスのプラクティスは、まさに意識的に「あることモード」を日常に取り入れ、「することモード」のみに支配されない、こころのギア・チェンジを可能にする「レバー」となるのです。

脳が変わる

マインドフルネスの耕し、「あることモード」のこころを日常に取り入れると、脳の構造が変わることが近年の脳神経科学分野の研究から明らかにされています。前項で紹介し、毎日のプラクティスとしてお願いした呼吸瞑想。マインドフルネス・プラクティスを続

けていくと、脳に変化が現れてきます。

ハーバード大学の若き女性脳科学者、B. ホルツェルやS. レイザーらの研究は衝撃的なものでした[12) 13)]。長年瞑想を続けている熟練者と瞑想未経験者との脳比較研究から、マインドフルネスを耕すことにより、前帯状皮質などの脳部位においてボリュームの増大と機能の活性化が生じることがわかりました（図表2参照）。

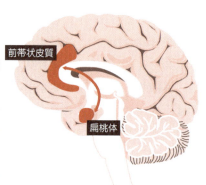

＜図表2　前帯状皮質と扁桃体＞

前帯状皮質は、意思決定や自分を客観的に見つめる機能に大きくかかわるところです。また、不安や恐怖から身を守るためにストレスホルモンの分泌を促す扁桃体との連絡回路があります[14)]。前帯状皮質の機能が高まることで、扁桃体の興奮が抑えられ、いらいらや衝動性などの感情コントロールの力が増すといわれています[12)]（図表3参照）。余談ですが、受刑者のうち、前帯状皮質の機能が低い人ほど再犯率が高いという研究も報告されています[15)]。

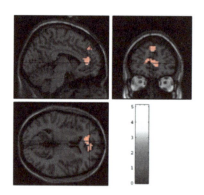

＜図表3　15名の瞑想熟練者と15名の瞑想をしたことのない人の脳比較研究結果＞
ストレス刺激を受けると瞑想熟練者は優位に前帯状皮質の活性化が見られた。※カラー・バーはT値を示す（オレンジ色の部分）
(Hölzel et al., 2007: 20: Fig 1: を一部改変)。

マインドフルネスの耕しの積み重ねによって、自分の状態を客観的に見つめ、感情に揺さぶられないこころのあり方が涵養（かんよう）されることは、脳科学の知見からも明らかにされているのです。

　こころのモードのギア・チェンジ。マインドフルネスは、ストレスによるからだの変化をいち早く察知し、客観的な視点からストレスを眺め、自動的に湧き起こる不安やイライラの程度を抑える脳の機能を育てる可能性を秘めています。マインドフルネスを日常に取り入れ、ストレスにハイジャックされないこころを育てていきましょう。

こんなときはどうするの？

呼吸への注意の向け方

「鼻腔を通る空気の温度」や「肩、胸、おなかの浮き沈み」が呼吸に気づくポイントです。もう一つ、息の吐き終わり、そして息の吸い始めのタイミングに気づいていく方法もあります。息を吐き終わってから吸い始めるまでのわずかな時間、息が漂う静寂のひとときがあることにお気づきでしょうか？　吐いてもいない、吸ってもいない静かな「間」に注意を向けて呼吸に気づいていくのもいいやり方です。呼吸瞑想中、注意を向けるところが変わっても大丈夫。その日のコンディションなども考慮して自分に合った気づきの対象を選んでいってください。

5分でできるプラクティス②
食べる瞑想

　呼吸瞑想に加えて、試してほしいのは**「食べる瞑想」**です。最近どんなふうに食事をされていますか？　時計と格闘の朝食、スマホ片手のランチ、夕食はテレビとともに？　食事が「することモード」に支配されていませんか？　食事は「あることモード」にギア・チェンジして、マインドフルネスを耕すチャンスとなります。

　最初の一口、もし手に取って食せるものがあれば、手に取ってみましょう。あるいはお箸でゆっくり食材を持ち上げてみましょう。遥か彼方の惑星に降り立ち、初めて手にする気持ちで、食材の色、形、光のあたり具合、肌触り、重さをじっくり感じてみましょう。そして匂い、香り。身体感覚の変化はあるでしょうか。何か思い出すことはあるでしょうか。

　では、ゆっくりと口のほうへ。そのときの腕と指の感覚、確かめましょう。唇の触感はどうでしょうか。口に含んだら、しばらく噛まないで舌触りを味わいましょう。そして意識的にゆっくり噛み締めていきます。口の中にカメラがあるように、その食材が噛み砕かれていく様子を想像しながら。味、硬さ、軟らかさ、弾力性、匂い、舌触りはどうですか？

　飲み込みたいという衝動が湧き起こってきますか？　からだのどこでその衝動を感じているでしょうか。注意を向けてみましょう。そしてゆっくり飲み込みます。口、舌、そして喉の動きを感じながら。飲み込むときの音、食材がからだの中に落ちていく感覚、その

第1章　マインドフルネスをはじめてみよう！

一口分重くなったからだの感覚。目を閉じて味わってみましょう。
　食べる瞑想の間、色々な思いや考え、空想が頭をよぎることがあっても問題ありません。呼吸瞑想中と同じく、それはとても自然なこと。食事から注意がそれても、いい・悪いとジャッジせず、またやさしく食事の感覚に意識を戻していきましょう。
　1回の食事の間、ずっと「食べる瞑想」を行うのは難しいですね。時間がかかり過ぎるし、家族の会話もままなりません。朝昼晩、どの食事でもいいです。毎食でなくても大丈夫。1日1回、最初の一口だけ、食べる瞑想をしてみましょう。

COLUMN

福祉職の「今」への気づき

　マインドフルネス講座終了後のインタビューでは、参加者による豊富な「今、この瞬間への気づき」の体験が語られました。過去でもなく、未来でもない、「今」への注意、そして気づき。そのとき、これまで無意識で行っていたことがまるで初めて経験することのように感じ、リフレッシュしていく参加者の語りです。

- シャワーって、前はあんなふうには感じなかったんですけど「あっ！」と思って。シャワーはすごく今を感じやすいですね。シャワーやお風呂、肌感覚かな、今に戻れるというか（40歳代女性・高齢者福祉）。
- そう、結局今まで見てるようで見てないんですね。自転車で交差点に止まった時に「ああ、ここに木があったんや」とか気づくようになって（40歳代女性・高齢者福祉）。
- 通勤途中、自宅から駅まで、今まで何度も見てるはずなのに最近はよく見えるようになったって感じるんです。「あ、花が咲いている」「色が変わってきている」とか。この間は花の匂いに気づいて「なんとなく切ないな」みたいな感じで。「見る瞑想」でしょうか（笑）（30歳代男性・地域福祉）。
- 車の運転をする時、ハンドルの感触は意識するようになりましたね。一瞬ですが「間」ができるというか、匂いを感じることもあります（40歳代女性・障害者福祉）。
- ご飯がほんと、食べるときに、食べてる感触で「ああ、こういうものを食べてるんだ」っていう、何かそのありがたさとか、おいしさとか。前は多分 doing でそうしてたんでしょうけど。食べる前とか、食べたときは being でおいしいんですけど、食べてる瞬間にそれを感じることはあまりなかったですね（30歳代男性・公的扶助）。

03 うつから身を守るために

アンカー

　マインドフルネスとは、**「今、この瞬間に意図的に注意を向けることによって得られる気づき」**と表しました。これまでご紹介した「呼吸瞑想」や「食べる瞑想」では、息や食感に注意を向け、自然に湧き起こってくる考えや思いに「いい・悪い」といった判断を与えず、あるがままに迎え入れ、しなやかに、そしてやさしく注意を呼吸や食べる行為に戻すことを繰り返していきます。呼吸や食べる行為は、揺らめく船のごとく、過去や未来に考えがいってしまうこころを「今」につなぎとめる**アンカー（錨）**となるのです。

　マインドフルネスが、世界的に注目されるようになったきっかけの一つは、「うつの再発予防」への効果が明らかにされたことにあります。以下、うつ予防の観点からマインドフルネスの素晴らしさに迫ります。

自動操縦状態

　アメリカの名門、コーネル大学キャンパス内での面白い実験があります。まず1人の実験者が地図を片手に見ず知らずの通行人に、大学内のある建物への道順を尋ねます。尋ねられた人がその地図を指し示しながら行き方を教えている最中、3㎡ほどの看板を持った3人組が2人の間を通り抜けます（看板を運ぶふりをしながら）。通りすぎる間、道順を尋ねていた人が看板を運んでいた1人と瞬時にすり替わります。

　さて、道を尋ねられた人は、相手が別人にすり替わったことに気

づいたでしょうか。結果は、約60％の人は、道順を尋ねた人物が別人にすり替わったことにまったく気づきませんでした[16]。

　私たちは、解決すべきことに意識が集中しがちで、関係のないものはつい排除してしまうのですね。解決すべきこと——毎日の営みのなかでも山積みではないでしょうか？　朝起きて家を出るまでの段取り（起きて、着替えて、食べて、身じたくして……）、仕事場までの通勤（駅まで歩いて、電車に乗って、降りて、歩いて、着いて、座って、コンピューター・オン……）、そして書類の処理、家庭訪問、会議の準備、会議、また書類の処理、買い物、帰宅、家事、片づけ……。

　それらが一つひとつ処理できて、満足感が伴えばいいのですが、一つ終わったらまた次、と続いていきますね。福祉現場における利用者の支えに最終的なゴールはありません。常に利用者の生活状況や健康状態を気づかい、危機にも対応しなければならない福祉職の仕事。課題の連続に向き合わざるを得ず、緊張が続いてしまいます。

　こんな毎日で気をつけたいのは、いつの間にか心身が**「自動操縦状態（autopilot）」**になっていないかどうか、です。課題→こなす→課題→こなす……。自動操縦状態は、やがて「こころとからだ」が自分のものとして感じられなくなり、「何やってるんだろう」「こんなことに意味があるのだろうか」「自分の存在ってどこにあるんだろう」という気分を招いてしまいます。このオートマティックな心身の状態は、うつやバーンアウト（燃え尽き症候群）と密接に関連してきます。

　マインドフルネスの耕しは、**自動操縦状態を引き起こす回線のコ**

ンセントを抜き、こころとからだを自分のものとして再獲得させるはたらきをします。うつに対抗する作用が秘められているのです。

うつ再発予防とマインドフルネス

　うつ病に罹患し、投薬治療などで回復した患者のうち、約半数は再発を経験するといいます[17]。興味深いことに、症状がないときのうつ経験者の考え方は、うつを患ったことのない人とほとんど差がみられないという多くの研究結果が示されました[18]。つまり、うつに悩む人は、もともとネガティブな考え方をしがち、ということはなかったのです。

　近年わかってきたのが、「ちょっとしたきっかけ」に対して、うつ経験者は特有の思考や認知のパターンに陥りやすい、という側面です[19]。わずかな気分の変化、体調の波、小さな失敗。うつを患った人は、こういったきっかけがあるとネガティブな思考に陥って抜け出せなくなり、うつ状態を再発してしまうというのです。

　「こころ」という駅に入ってきた「うつ電車」につい乗ってしまいがち。いったんその電車に乗ってしまうと、どこに連れて行かれるのかわからない。いつの間にか、「落ち込み峡谷」にはまってしまい、抜け出るのが難しくなってしまう……。うつを患った人は、ちょっとしたネガティブな出来事やきっかけで心身の自動操縦がオンになりやすい状態にあると考えられます。

"思考"という名の電車

　東京周辺の電車の路線図、ご覧になったことはありますか？ JR、地下鉄、私鉄など複雑に入り組んでいますね。東京駅では、ありとあらゆるところから形や色の違った電車が入ってきてはまた出ていきます。私たちの頭の中も、こんな感じではないでしょうか。色々なタイプの電車＝考え、思い、記憶、感情、気分、空想が、頭に（こころに）勝手に入ってきては出ていきますね。

　電車の往来を止めることはなかなかできません。呼吸に意識を向けてみても、すぐに雑念が湧き起こってきて、こころに侵入してきます。しかし、電車に乗らないこころを育てることはできます。その最も効果的な方法の一つがマインドフルネスなのです。マインドフルネスは、**「"思考"という名の電車」に乗らず、ただその行き来を俯瞰するこころのあり方を鍛える**のです（イラスト参照）。

　マインドフルネスは、「うつ電車」がこころに入ってきても、ありのままに見つめ、呼吸などのアンカー（錨）に意識を戻していきます。その電車をただ眺め、電車による移動は起こらず、自分のこ

ころとからだの存在感に満たされる時間を与えてくれます。マインドフルネスを耕すことによって、電車の往来への気づきが深まり、うつ状態に導く電車の存在をいち早く察知して、その電車に乗らないこころのあり方が養われるのです。再発のみならず、うつ病予防にも効果を発揮します。

　嫌な上司の顔が何度も思い出されて苦しくなる、同僚のあの一言が頭から離れない、利用者のあの表情がいつも浮かんでくる……。本当は一度だけのことなのに、何度も繰り返して思い出され、そのたびにムカムカし、傷ついてしまうことはありませんか？　私たちは知らず知らずのうちに、**「"思考"という名の電車」**に乗ってしまいがちです。

　この状態は、うつ発症のきっかけとなる慢性的な緊張とストレス状態です。再発予防のみならず、うつ病にかかりにくいこころのあり方。それは、電車から降りて、その電車の形や姿を客観的にとらえ、またやってくる気配に敏感になり、その電車に乗らないこころ。それは、マインドフルネスによって涵養（かんよう）できるのです。

5分でできるプラクティス③

歩く瞑想

　呼吸瞑想、食べる瞑想に続いて、ここでは「歩く瞑想」をご紹介します。歩く瞑想は、歩くことで生じる身体感覚の変化（足の緊張と弛緩(しかん)など）をアンカー（錨(いかり)）にして、今、この時を豊かに感受する方法です。

　家でもオフィスでも大丈夫、畳2枚分ほどのスペースを確保します。できれば靴を脱いで行いましょう。両足をそろえ、前に歩いていきます。歩き方は、次の通りです。

❶ まず、ゆっくりと左足のかかとを上げてみます。そうすると右足のふくらはぎあたりに体重がかかるのを感じてみてください。

❷ 左足をゆっくり上げ、宙に浮かせて一歩前に動かします。そのとき、左足で空気を切るような感覚を味わってみましょう。また、右足へ体重はどのように移り変わるでしょうか。感じてみましょう。

❸ 左足をかかとからゆっくりと地面に下ろしていきます。左足が地面に触れる感覚はどうでしょう。左足に徐々に体重がかかっていきます。重みを感じてみましょう。

❹ 今度は右足のかかとを上げて、同じように歩いてみましょう。

❺ 決められたところまで到達したら、ゆっくりと振り返って歩く行為を繰り返していきます。呼吸瞑想や食べる瞑想と同じく、こころが歩く行為から離れて、色々な考えや思いが出てきてもかまい

　ません。気をそらせたものは何か、興味をもって眺め、また歩く行為（足裏の感覚、体重の重み、足の筋肉の緊張の移り変わりなど）にやさしく意識を戻していきましょう。

　歩く瞑想では、呼吸を合わせるやり方もあります。足を前に踏み込むときに、息をゆっくり吐くようにしましょう。通勤のときなど、普通の速度で歩く際は、数歩で吸って数歩で吐くなど自分の一番やりやすいテンポで息を合わせてみましょう。もし息を合わせるのが難しく感じる場合は、足の感覚やまわりの景色に意識を向けていくだけでも大丈夫です。

　歩く瞑想は、食べる瞑想と同じく、ぜひ日常生活に取り入れてみてください。通勤時や家庭訪問の道中、自宅や職場内で、歩く行為、足の感覚に注意を向けてみましょう。もちろん、歩くスピードはいつも通りで大丈夫です。場所を決めて、「ここを通るときは必

ず歩く瞑想を」というクセをつけるといいですね。

　ある地点からある地点までの「移動を目的とした"歩く"」ではなく、「歩くことを"歩く"」――「歩くこと」だけに意識を集中させる時間です。

　呼吸瞑想を5分、食べる瞑想を1日1回一口、そして歩く瞑想を日常に取り入れてみましょう。呼吸、食べる、そして歩く。思考の自動操縦コンセントを抜き、今、この瞬間の営みに意識を向ける時間。「"今"に気づく瞬間」の積み重ねが本当の自分を再発見し、ストレスに翻弄されないこころを耕すことにつながっていきます。

こんなときはどうするの？

歩く瞑想いろいろ

「呼吸瞑想の時間をとるのは大変だけど、歩く瞑想だったら普段の生活に取り入れやすい」という声をよく聞きます。歩く瞑想のやり方をもう一度整理しておきましょう。①畳2枚分ぐらいのスペースを行ったり来たりしながらゆっくりと歩き、足の感覚に気づいていく、②同じやり方で、足を床に踏み込むときに息をゆっくり吐いていく、③通勤や職場内での移動の際、歩くペースに従って呼吸を合わせていく（1歩で吸って次の1歩で吐く、3歩進む間で吸って3歩進む間で吐く、4歩進む間で吸って6歩進む間で吐くなど）、④まわりの景色に気づきを向けながら歩く、など自分のコンディションや状況に合わせて歩く瞑想を柔軟に取り入れてみてください。

COLUMN

"とらわれ"への気づき

　ここでは、マインドフルネスによって自動操縦的な考えや思いに気づき、客観的な視点——メタ認知で自分を見つめてストレスやうつに陥らないこころが現れるメカニズムを説明しました。

　マインドフルネス講座を経験した30歳代の男性（地域福祉）は、マインドフルネスのプラクティスに毎日取り組んだ結果、考えにとらわれていた自分への気づきが得られたことを、驚きの表情とともに語ってくれました。

・昨日のことと明日のことをずっと考えてる自分がいて。そのことに気づいた瞬間、もう笑えてきて（笑）。なんかすごくばかばかしいなという……。「今はどうした」と思った瞬間に、すごく吹っ切れたんですよ。もう昨日のことも明日のこともまったくそのときは考えなかったし、それ以降、考えなくなった気がします。
本当にね、気づいた瞬間にもうパーッと解放された感じで。それまでずっととらわれていたと思うんですよ。すごく延々考えていたってことに気づいて。「なんであんな言い方されなあかんのやろ」とか「明日、この準備をせなあかん」とか。ひたすら「あれもせなあかん、これもせなあかん」と考えていたような気がします。今までの自分だったら、何日も引きずってたと思うんです。マインドフルネスで今に気づくという瞬間にね、頭が真っ白とかそんなのではなくて、本当に解放っていう感じがします。

04 創造性を高めよう

先駆者たち

"iPhone"の生みの親であるスティーブ・ジョブズ。ハリウッドのトップスター、アンジェリーナ・ジョリー。映画『ハリー・ポッター』の「ハーマイオニー」、『美女と野獣』の「ベル」を演じたエマ・ワトソン。そして、NBA全米プロバスケットボールの伝説的超人、マイケル・ジョーダン。

4人ともマインドフルネスの実践者です。スティーブ・ジョブズは禅体験を繰り返し、アンジェリーナ・ジョリーは子育てをマインドフルネスのプラクティスに応用します。エマ・ワトソンは瞑想アプリ「ヘッド・スペース」の愛好家。マイケル・ジョーダンは、練習や試合前にマインドフルネス瞑想を自らに課していました。

「今、この瞬間に意図的に注意を向けることによって現れる気づき」。呼吸、食感、歩行などをアンカー(錨(いかり))として、「今」に意識を向け、過去の傷つきや未来への不安に支配されないこころを育てるマインドフルネス。近年、その効果はストレス低減やうつ予防のみならず、**「オリジナリティ──創造性」**にもおよび、卓越したパフォーマンスを呼び込むことがわかってきました。ここでは、マインドフルネスに秘められた創造性を耕すメカニズムを取り上げます。

暴風雨

福祉現場で働くソーシャルワーカーや介護職。福祉職の多くは、日々風雨にさらされるような思いで仕事をされているかもしれませ

ん。利用者の奪われゆく健康を保つため、家族、介護者、地域を巻き込み、支援をコーディネートしていく。ときにはまわりから無理難題を押し付けられ、腰の痛みに耐えながら、それでも笑顔で介護に従事する。利用者と家族の間で意見の食い違いがあれば仲裁し、理不尽なことを求められてもぐっと感情を押し殺して対処する。

　「嵐」のような事例——困難ケース。虐待や家庭内暴力など、あふれんばかりの情報と複雑に絡み合った問題の綾は、援助の方向性を迷わせ、判断を難しくさせることでしょう。あらゆる知識、経験、技術、資源を導入しようと頭を悩ませる毎日ではないかと思います。

　暴風雨のなかで問題解決の方策を考えるとき、過去の援助経験と比較し、慣れ親しんだ理論や技術、さらに安全なルーティン・ワークに頼ってしまいがち、ということはないでしょうか。利用者との交流場面において、ややもすると自分の見立てに沿った情報のみに意識が向いてしまい、あるがままの利用者の姿をとらえることに難しさを感じることはないでしょうか。

　私はソーシャルワーカーとしてかけだしの頃、臨床場面でつい自分の予測に合致する情報にこころが奪われ、中立的にあらゆる情報を探索しようとする姿勢が乏しくなることがありました。その際、スーパーバイザー

に「面接が先走りしている!」と叱られたものです。「こころ、臨床の場にあらず」。この状態では、利用者の声なき声に共鳴が起こらず、ニーズに見合った柔軟な発想や、暴風雨を切り抜ける創造力に満ちた対応を編み出せなくなります。

ハリケーン(台風)の目

　NBA全米プロバスケットボールの頂上決戦。1万人を超えるファンの絶叫、身長2mを超える巨人たちの容赦なき圧迫、めくるめくサインと無数のフォーメーション、一瞬のミスがすべてを台無しにさせる極限状態。

　「まるでハリケーンの渦中(かちゅう)だった。その中でも、静寂が訪れ、スローモーションのごとく相手の動きを察知し、もっとも効果的なパスの軌跡が見えてくる。『ハリケーンの目』にこころがあるんだ。それはマインドフルネスによって養われた」。マイケル・ジョーダンはこう振り返ります[20]。

　ジョーダンの所属したシカゴ・ブルズの名将、フィル・ジャクソンは、選手たちに一切発語を禁止し、照明を落として暗闇の中で練習をさせることがありました[21]。**「慣れ親しんだ場所から離れ、過去の習慣に頼らず、『今』に心と身体を置くことによって初めて自ら考え、**

状況を打開し、混沌に対処できるようになる」。ジャクソンの信念です。

　ジョーダンのいう「ハリケーンの目」とは、「今、この瞬間」に注意が集中することによって生まれるこころの静寂であり、何ものにも翻弄されず、混沌を打開するための新たな道にいざなうこころのあり方を意味します。マインドフルネスは、「嵐の中から活路を見出すこころ」を育てる方法となるのです。

創造性を生むメカニズム

　2012年、オランダのライデン大学で認知科学の先端研究を進めるL. S. コルザト氏らのグループは、マインドフルネスが創造性を高めることを実証する研究を発表しました[22]。彼女らは10日間、19人の成人被験者に対して、「一点に集中する瞑想」と「マインドフルネスの呼吸瞑想」をそれぞれ35分間実施してもらった後、二つの課題──一見すると違った物に共通点を見出す課題（例：ペンとお箸について新しいアイデアを生み出す課題）（5分）──をこなしてもらいました。

　結果は、両タイプの瞑想とも、「共通点を見出す課題」の遂行には何も影響を与えませんでした。一方、「アイデアを生み出す課題」は、マインドフルネス呼吸瞑想のあとのみ、ぐんと得点が上がりました。

　マインドフルネスが創造力を高めるメカニズムは、次の2点から読み解けます。

　第1に、マインドフルネスは、**過去の習慣から脱し、新たな発見**

に通じる扉を開けます。「食べる瞑想」を体験する際、別の惑星に降り立って初めて出会ったかのごとく、その物体に好奇心をもってじっくり食していくことをお願いしました。例えば、「レモン」や「ミルク」といえば、私たちのこころはすぐに酸味や白色といったイメージで満たされてしまいます。そうすると、レモンの甘い香りやミルク独特の風味など、新たな感覚を感受するこころの窓が最初から閉ざされてしまいます[23]。

　マインドフルネスの練習を継続すると、「認知症」「介護」「困難ケース」といった用語から自動的に浮かんでくるイメージにとらわれず、今、この瞬間、新鮮な感覚で利用者に出会おうとする気持ちが生まれます。そして、効果的でユニークな支援への探究心が呼び起こされてくるのです。

　第2に、マインドフルネスは、**「ストレス」や「困難さ」は私たちのこころが作り出したものにすぎず、いつかは過ぎ去っていくもの、抜け出す道が必ずある**、という気づきを生み出します。

　「呼吸瞑想」では、自然に湧き起こる思考や感情をありのままに受けとめ、息の出入りに注意を戻していくことを繰り返しました。こころの動きを客観的に俯瞰（ふかん）するトレーニングです。呼吸瞑想を毎日続けると、ストレスの元となる嫌な記憶や思いはずっととどまるわけではなく、こころを通過していく浮遊物の一つにすぎない、という気づきが生まれてきます[24]。

　「大丈夫。いつかは移り変わっていく」。この気づきは、押し寄せてくる課題の波や感情の渦に飲み込まれないための「防波堤」になってくれます。こころを「ハリケーン（台風）の目」に迎え入れるといってもいいでしょう。暴風雨の真っ只中にいながら、その渦

中で翻弄されず、状況を俯瞰できる心理状態。このこころの余裕は、直感力を息づかせ、閉塞からの出口を見出す創造力につながります。急(せ)き立てられるのではなく、解決への道筋、仕事の優先順位が自然に浮かび上がってくる……そんな感覚が生まれてくることでしょう。

こんなときはどうするの？

疑念に対処する

「こんなことして何になる？」「退屈……」「ああ、時間がもったいない」「自分には向いていない」。瞑想中、マインドフルネスに対する疑いの念が湧き起こることはありますか？ それは単なる「疑念」にすぎません。その思いが出てきたらマインドフルネスを耕す絶好の機会です。「疑い」などとこころで名前をつけてあげて、からだのどの部分で疑念を感じているのか、ゆっくり探ってみましょう。疑念をいい・悪いで判断せず、疑念とともにマインドフルネス瞑想を深めていきましょう[25]。

> 5分でできるプラクティス④

日常のマインドフルネス

　ここでは、日常生活にマインドフルネスを取り入れる方法を発見し、それを続けていく大切さを取り上げます。今、この瞬間にこころを込める時間、「することモード（doing mode）」から「あることモード（being mode）」にギア・チェンジする機会です。読者の皆さんの日常には、ギア・チェンジする機会はどれほどあるでしょうか？　マインドフルな習慣を見つけ出し、クセになるまで続けてみてください。

　時間の長さは問題ではありません。一瞬でもいいのです。「今」にこころが戻る瞬間を日常生活の中に取り入れ、根づかせることができるでしょうか。細かな気づき、その積み重ねがマインドフルネスを耕し、脳の構造を変え、ストレスに翻弄されないこころを育てていきます。

　参考までに、私が日常に取り入れているマインドフルネスの耕し方法をご紹介します。

- コーヒーにお湯を注ぐとき、腕に感じるポットの重みに気づく
- 研究室を出るときは、必ずドアノブの感触と冷たさに意識を向ける
- 階段はできるだけ歩くようにして、登るときに足の筋肉の微細な動きに気づく
- シャワーを浴びるとき、水がからだに当たる感触を味わう
- 車の運転席に座ったら、1回深く呼吸する

- 信号待ちをしているとき、両足に感じるからだの重みに気づく
- コンピューターが起動する間、深く呼吸する（他のことはしない）
- シャツのボタンを下から上へととめていく
- ときどき、左手（利き手ではないほう）で歯を磨く
- ショートケーキは尖ったほうではなく、その逆から食べる
- 洗い物をする際、水の冷たさや泡の感触に注意を向ける
- 娘（小学生）と話すとき、自分の視線に気づき、目を合わせるようにする
- 娘（小学生）と手をつなぐとき、手の温かさや感触に意識を向ける

　これまでご紹介してきた呼吸瞑想、食べる瞑想、そして歩く瞑想。マインドフルネスの効果はわかっていても、つい忘れてしま

う、時間が取れない……。「マインドフルネスの壁」ですね。なかなか継続が難しい……。これは、世界中の実践者から聞かれる言葉です。日本マインドフルネス学会でも、「マインドフルネスの耕しを続けてもらうための方法」は大きなテーマであり、会員に継続方法の共有が求められています。

　でも大丈夫。マインドフルネスは工夫次第で、いつでもどこでも耕すことができます。お金はかかりません。マインドフルネスの世界的指導者ティク・ナット・ハン氏は、呼吸瞑想などのオフィシャルな練習と同じくらい、日常のマインドフルネスの耕しが大事であると述べています。

　ティク・ナット・ハン氏は、1杯のお茶を1時間かけて飲みます。その姿はまさに「優美」そのものです。

　呼吸瞑想、食べる瞑想1日1回一口、日常に歩く瞑想を取り入れましょう。そして、「今」に戻れる皆さんなりのマインドフルネスを編み出し、継続してみてください。

第1章 マインドフルネスをはじめてみよう！

COLUMN

新しいことを始める

　ここでは、マインドフルネスによって創造性が育まれるメカニズムについて解説しました。マインドフルネス講座を受けた福祉職から、新しいことを始めたり、チャレンジの芽生えに関係するエピソードが話されました。マインドフルネスによって、習慣化された行動や考え方に風穴が開き、新たなことを取り入れるこころの状態が得られたのでしょう。

- 市民マラソン大会に初めて出ます。それと、もともと興味があったんですが、専門的にパン作りを始めようと習いに行くようになりました。マインドフルネスが影響しているって思います（30歳代男性・障害者福祉）。
- これまで酒を飲んで仕事のストレスを流していたんですけど、今回ジョギングはじめました（50歳代男性・社会福祉協議会ソーシャルワーカー）。
- 家の掃除、それも押し入れの物を全部出してきれいにして、いろんなものを捨てました。マインドフルネスで心の余裕ができたんだと思います（40歳代女性・障害者福祉）。
- グループホームの移転計画。ほったらかしにしていたというか、もう数か月前から計画はしていたんですけど、自分がやらないと進まないんだなっていうのに気づいて。今日も市役所に行ってきました。マインドフルネスでとらわれが薄まったからでしょうね（40歳代女性・精神保健福祉）。
- 生活保護世帯の家庭訪問の数が増えました。マインドフルネスをするようになってから。うーん、1.5倍ぐらいかな。行き帰りの道や駅で歩行瞑想をすると気持ちが切り替わって負担感が本当にすくなくなったんです。だから家庭訪問のストレスが減ったというか（30歳代男性・公的扶助）。

引用文献

01 マインドフルネスへのいざない

1）藤田一照「『日本のマインドフルネス』へ向かって」『人間福祉学研究』第7号、13-27、2014年
2）Wilson, J.（2013）. *Mindful America: The Mutual Transformation of Buddhism Meditation and American Culture*. Oxford University Press.
3）日本マインドフルネス学会（2017）(http://mindfulness.jp.net/convention.html) 2017/05/01.
4）Kabat-Zinn, J.（1990）. *Full Catastrophe Living: Using the Wisdom of Your Body and Mind to Face Stress, Pain, and Illness*. Delta. 春木豊（訳）『マインドフルネスストレス低減法』北大路書房、2007年
5）アメリカ国立衛生研究所（National Institute of Helath: NIH）(https://www.nih.gov) 2017/05/01.
6）Ryan, T.（2012）. *A Mindful Nation: How a Simple Practice Can Help us Reduce Stress, Improve Performance, and Recapture the American Spirit*. Hay House, Inc.
7）Mindfulness Initiative.（2015）. Mindful Nation UK: Report by the Mindfulness All-Party Parliamentary Group（MAPPG）. *The Mindfulness Initiative*.
8）Pickert, K.（2014）. The mindful revolution. *TIME Magazine*, 3, 34-48.

02 ストレス低減のメカニズム

9）越川房子「マインドフルネス認知療法：注目を集めている理由とその効果機序」『ブリーフサイコセラピー研究』第19巻1号、28-37、2010年
10）Williams, Mark, J., Teasdale, John, D., Segal, Zindel, V. & Kabat-Zinn, Jon.（2007）. *The Mindfulness Way through Depression: Freeing Yourself from Chronic Unhappiness*. Guilford. 越川房子・黒澤麻美（訳）『うつのためのマインドフルネス実践：慢性的な不幸感からの解放』星和書店、2012年

11) 大谷彰『マインドフルネス実践講義：マインドフルネス段階的トラウマセラピー（MB-POTT）』金剛出版、2017年
12) Hölzel, B. K., Ott, U., Hempel, H., Hackl, A., Wolf, K. Stark, R. & Vaitl, D. (2007). Differential engagement of anterior cingulate and adjacent medial frontal cortex in adept meditators and non-meditators. *Neuroscience Letters*, 421 (1), 16-21.
13) Lazar, S. W., Kerr, C. E., Wasserman, R. H., Gray, J. R., Greve, D. N., Treadway, M. T., ... & Rauch, S. L. (2005). Meditation experience is associated with increased cortical thickness. *Neuroreport*, 16 (17), 1893.
14) van der Kolk, B. (2015). *The Body Keeps the Score: Brain, Mind, and Body in the Healing of Trauma.* Penguin Books. 柴田裕之（訳）『身体はトラウマを記録する：脳・心・体のつながりと回復のための手法』紀伊國屋書店、2016年
15) Aharoni, E., Vincent, G. M., Harenski, C. L., Calhoun, V. D., Sinnott-Armstrong, W., Gazzaniga, M. S., & Kiehl, K. A. (2013). Neuroprediction of future rearrest. *Proceedings of the National Academy of Sciences*, 110 (15), 6223-6228.

03　うつから身を守るために

16) Simons, D. J. & Levin, D. T. (1998). Failure to detect changes to people during a real-world interaction. *Psychonomic Bulletin & Review*, 5 (4), 644-649.
17) Burcusa, S. L. & Iacono, W. G. (2007). Risk for recurrence in depression. *Clinical Psychology Review*, 27 (8), 959-985.
18) 越川房子「マインドフルネス認知療法：注目を集めている理由とその効果機序」『ブリーフサイコセラピー研究』第19巻１号、28-37、2010年
19) Williams, Mark, J., Teasdale, John, D., Segal, Zindel, V. & Kabat-Zinn, Jon. (2007). *The Mindfulness Way through Depression: Freeing Yourself from Chronic Unhappiness.* Guilford. 越川房子・黒澤麻美（訳）『うつのためのマインドフルネス実践：慢性的な不幸感からの解放』星和書店、2012年

04 創造性を高めよう

20) Mumford, G. (2015). *The Mindful Athlete: Secrets to Pure Performance*. Parallax Press.
21) Jackson, P. (2013). *Eleven Rings: The Soul of Success*. Penguin Press. 佐良土茂樹・佐良土賢樹（訳）『イレブンリングス：勝利の真髄』スタジオタッククリエイティブ、2014年
22) Colzato, L. S., Szapora, A. & Hommel, B. (2012). Meditate to create: the impact of focused-attention and open-monitoring training on convergent and divergent thinking. *Frontiers in Psychology*, 3, 1-5.
23) Hayes, S. C., Strosahl, K. D. & Wilson, K. G. (2003). *Acceptance and Commitment Therapy: An Experiential Approach to Behavior Change* (2nd ed.). Guilford. 武藤崇・三田村仰・大月友（監訳）『アクセプタンス＆コミットメント・セラピー（ACT）第2版：マインドフルな変化のためのプロセスと実践』星和書店、2014年
24) Kabat-Zinn, J. (1990). *Full Catastrophe Living: Using the Wisdom of Your Body and Mind to Face Stress, Pain, and Illness*. Delta. 春木豊（訳）『マインドフルネスストレス低減法』北大路書房、2007年
25) Smalley, S, L. & Winston, D. (2010). *Fully Present: The Science, Art, and Practice of Mindfulness* (pp.202-203). Da Capo Press. 本間生夫・下山晴彦・中野美奈・政岡ゆり（訳）『マインドフルネスのすべて：「今この瞬間」への気づき』丸善出版（207-208頁）、2016年

第2章

ストレスから身を守り、気づきをもたらす五つの方法

01 からだの痛みを和らげる

幻の痛み

　マインドフルネス瞑想にいそしむ入院患者の輪。アメリカやカナダのがん病棟やペイン・クリニックで、よく見られる光景となりました。1970年代以降、J. カバット・ジン氏は、マサチューセッツ大学医療センターのストレス低減クリニックにおいて、診断名のつかない原因不明の疼痛で悩む人々のためにマインドフルネスのプログラムを推進し、その成果は今や世界中の医療機関で共有されるようになりました[1]。

　身体的な痛み、特に腰痛は介護職にとって深刻な悩みです。介護労働安定センターによる2014年度、介護職対象の大規模調査（9005事業所・2万1848名回答）では、「労働条件の悩み、不安、不満等」のうち、「身体的負担が大きい（腰痛や体力に不安がある）」と答えた割合は30.4％にのぼりました[2]。

　マインドフルネスがなぜ痛みの緩和に有効なのでしょうか。研究成果から、マインドフルネスは脳のはたらきを変化させ、痛みを低減させる効果があることがわかってきました。

　2015年7月に放映されたNHKスペシャル「腰痛・治療革命」。それは、「長引く痛みの原因は、腰ではなくて脳にある」という画期的な研究報告であり、マインドフルネスの有効性と関連する知見が盛り込まれました。

　腰痛——椎間板の圧迫や筋肉の炎症から生じた刺激が神経の電気信号によって脳に伝えられて、初めて私たちは「腰が痛い」と感じるようになります。番組は、慢性腰痛の患者の腰ではなく脳に異常が起きていることを見出しました。腰は治癒しているにもかかわら

ず、当初の激痛経験によってできあがった脳内の「痛みの回路」が治まらないため、脳の中で痛みが続いているというメカニズムが問題とされたのです。

キーワードは**「DLPFC＝背外側前頭前野」**（図表4参照）。この部位は、通常、からだの痛みによって引き起こされた脳内の興奮を鎮めるはたらきをします[3]。慢性腰痛の患者は、この部分の容積が小さくなっており、機能も低下していることがわかりました[4]。腰は治っているのにDLPFCがうまくはたらかず、結果的に痛みの興奮が脳内で続いている――「幻の痛み」の原因は脳にあったというのです。

なぜDLPFCが小さくなってしまったのか。それは「ストレス」の仕業と考えられます。「また腰が痛くなったらどうしよう」「あんな激痛はこりごりだ」といった慢性的な不安や恐怖が、脳内にコルチゾールなどの「ストレス・ホルモン」を過剰に分泌させ、DLPFCのはたらきを阻害してしまったと推測されています[5]。

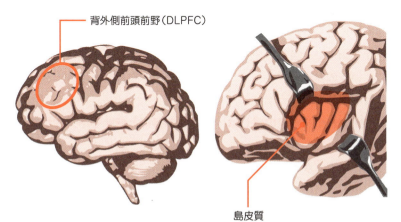

＜図表4　DLPFCと島皮質＞

脳が変わる

　マインドフルネス瞑想を続けることで、DLPFCの容積が増し、機能が回復することが複数の脳神経科学研究によって明らかにされています[6)][7)]。

　DLPFCは、注意を維持したり、別のところに移す機能に深くかかわっています。呼吸瞑想では、息の出入りに注意を向け、色々な考えや空想が出てきてもそれにとらわれることなく、また息に注意を移していくことを繰り返していきます。

　マインドフルネスは、注意の維持と移行を意識的に行うプラクティスであり、DLPFCそのもののはたらきに刺激を与え、活性化させると考えられています。DLPFCの再生によって脳内の痛みの興奮を鎮め、痛みの強度を低下させる力がマインドフルネスには備わっていると考えられます。

　もう1か所、脳の大切な部位が**「島皮質」**です（図表4参照）。島皮質は**「小さな自分（mini-me）」**とも呼ばれています[6)]。全身の感覚を統合し、からだのイメージを作る役割を担っています。つま先から頭まで、自分のからだがどこにあり、今、どんな状態で存在しているのか――「今、ここにいる自分の存在感」を生み出している脳の部分ともいえます[8)]。

　マインドフルネスの耕しは、島皮質の容積と機能も増大させることがわかっています[7)][9)]。島皮質もDLPFCと同じく、注意の維持や移行に深くかかわる脳の部位です。また、マインドフルネスは呼吸や歩行などの身体感覚に繰り返し意識を向けていきます。そのため、身体感覚を統合する島皮質の機能が向上すると考えられていま

す。島皮質がしっかり機能することで、からだの一部に痛みが生じても、その痛みでからだ全体が支配されてしまうのではなく、痛みの部分を正確に探知し、からだのバランスを保持しようとするこころのはたらきが増すと推測されています。

苦と痛

身体的痛みを表す英語 pain の語源は、ギリシャ語の poine といわれ、その意味は「報い」あるいは「罰（ペナルティ）」を表すといいます[6]。からだの痛みや不調に陥ると、私たちはつい「報い」の「物語」を作ってしまいます。例えば風邪を引いたとき、「昨日寒かったのに薄着だったから……」「あの人にうつされたに違いない……」などと考えてしまいませんか。「今、忙しいのになんで風邪なんか！」と怒りや落胆の気持ちが湧き出てくることもあるでしょう。

しかし、元来痛みとは、害となる刺激から身を守るために必要なものです。痛みがなければ骨を折ったり、やけどをしても気がつかず、命にかかわる事態となってしまいます。

痛みのコントロールで大切な点は、**「痛みと痛みに付随する『物語』を区別すること」**にあります。私たちは得てして痛みそのものよりも、痛みに伴う自分の見方、考え方、感情などで「苦」に満ちた物語を作ってしまいます。「この痛みさえなければ……」「この痛みのせいで人生が……」といった苦悩です。この「苦」の部分がストレスとなり、さらに「痛」を増大させてしまうという悪循環を引き起こしてしまうのです。

　マインドフルネスは、痛みの物語、すなわち**「苦」と「痛」との間にスペースを設け、切り離す手伝い**をしてくれます。呼吸や身体感覚を俯瞰(ふかん)するのと同じように、痛みに対しても客観的な傍観者になれるようなこころをマインドフルネスは育てるのです。

　マインドフルネスを通じて、痛みに伴う思いや感情をあるがままに迎え入れ、痛みに支配されようとしている自分への気づきを深めます。この営みは、やがて**「痛みをもつ人」から「本来の自分」を取り戻す機会**につながっていきます[1]。

　今、この瞬間への気づきを耕すマインドフルネス。痛みは自分の一部にすぎず、すべてではないという感覚の涵養(かんよう)。**「痛みはあるが、苦しんでいない」**。終末期ケアにマインドフルネスを導入するJ. ハリファックス氏は、このような境地をマインドフルネスが耕してくれると述べています[10]。

5分でできるプラクティス⑤

痛みの瞑想

※音声ガイド "Meditation for Pain Relief" は、「本書の使い方」記載の URL からダウンロードができます。

　痛みを低減するための瞑想法をご紹介します。以下のプラクティスは、UCLA の D. ウィンストンによるガイドを参考にしています[6]。もし痛みに悩まれている場合、この瞑想を取り入れてみてください。

❶ 瞑想をする姿勢をとりましょう。目を閉じてもいいですし、閉じたくない人は閉じなくても大丈夫です。2、3回ゆっくり深く呼吸をします。自分の姿勢やからだ全体の形に気づいてみましょう。

❷ からだのなかで心地よい部分あるいは痛みのない部分に注意を向けてみます。手のひら、腕、足などリラックスしているところを決めて、その部分の感覚にしばらく注意を向けてみましょう。

❸ 今度は、ゆっくりとやさしく「痛み」のあるところに意識を向けていきます。痛みのタイプ（さしこむ、うずく、だるい……）。痛みの広さ（場所、形……）、深さ（深い、浅い、肌の表面、奥のほう……）、色（赤、青、グレー、淡い、原色……）。30秒間ほど、その移り変わりを眺め、痛みを俯瞰していきます。

❹ 注意をさきほどの心地いいからだの部分に戻しましょう。そして、自分の「痛みへの態度」について気づいたことに意識を向けてみます。嫌悪感、落胆、不安、それとも自己否定感などが現れ

たかどうか。また、からだ全体に変化があったかどうか。胸や喉のあたりが締めつけられる感じ、あるいはおなかのあたりがぐにょりとなる感じなどが起きたでしょうか。いい・悪いといった判断をせず、ただ、その痛みによって生じた感情やからだの変化を振り返ってみましょう。

❺ ゆっくり呼吸します。そして、注意を心地いいからだの部分に戻して、ゆったりとしましょう。

❻ もう一度、痛みの部分に注意を向けていきます。呼吸をしながら。さきほどと同じようにからだの痛みをあるがままに見ていきます。今度は、少しやさしく思いやりの気持ちで、痛みの部分を包み込むような感じで、意識を向けてみます。

❼ 痛みの部分から全身に注意を向けていきます。そしてゆっくりと目を開けて、手足を動かし、伸びをしましょう。

痛みに注意を向ける時間は、痛みの強度やその日の状態によって変えてもかまいません。30秒ぐらいが目安です。**痛みに向き合うといっても決して闘うことではありません。**MBSRの創始者、J.カバット・ジン氏の言葉を借りれば、「座布団を差し出して『さあいらっしゃい』という気持ち」で痛みに寄り添う姿勢が大切です。

慢性的な痛みをもっていなくても、頭痛や腰痛が出てきたらチャンスと思ってこの瞑想に取り組んでみてください。

こんなときはどうするの？

失敗・成功というジャッジ

呼吸に注意を向ける時間が長ければ長いほど成功、短ければ失敗と思っていませんか？　それはマインドフルネスへの誤解です。大切なことは、呼吸や歩行に意識を向けながら、いろんな考えや思いが出てくるのに気づき、また呼吸や歩行に注意を戻していくことです。そのときにマインドフルネスが深まります。今、この瞬間の呼吸や身体感覚に注意を戻すことができたら、温かく自分をこころのクッションで包んであげてください。

COLUMN

身体的痛みとマインドフルネス

　以下は、からだに痛みを感じた際に瞑想を取り入れて対処した30歳代男性・公的扶助のソーシャルワーカーの声です。

　夜中に急に体がめちゃくちゃ痛くなって、どうしようもなくなったときがあって。よく考えたら、その何日か前に担当していたクライエントが亡くなったんですね。自分ではそこまで、ソーシャルワーカーとして立ち入ってその人の生活全体を把握していたわけではないんですけど、よく考えたら、あの人のことも夢に出るし、「あんなことができなかった」「こんなことができなかったな」っていう思いとか、いろんな人に協力してもらった思いがあって。そうしたらめちゃくちゃ身体が痛くなったんです。

　この痛さもどうしようもない、どうしようかなって思ったときに「そうだ、瞑想しよう」って思って。3回くらい。瞑想のガイドを聴いているうちに寝れたんですけど、瞑想することで救われた感があって。痛みがあっても今に戻れる安心感というか。今後、何かあってもこれをしていきたいなって思いますね。

　マインドフルネスによる痛みへの影響のメカニズムとその効果は、現在も研究が進められています。これまでの実験研究を総合すると、痛みそのものを低減する力は他の方法と比べて特段マインドフルネスが優れているとはいえませんが、疼痛に苦しむ患者のうつ傾向や生活の質（QOL）の改善には効果があるという結果が報告されています[11]。

　今後、さまざまな原因で生じる痛みへのマインドフルネスの効果が示されていくことでしょう。

02 怒りを鎮める

二次的感情

　利用者の主体性と自己決定を尊重する「利用者中心」の価値観は、あらゆる福祉現場での実践に反映されることが求められます。生活支援を重視する福祉実践では、どうしても予測不能の事態が連日押し寄せます。

　福祉職にとって、利用者の状況に並走しながら仕事の段取りを調整していくことは難しく、時には不安やいらだちの温床となります。利用者の生死に直結する判断も必要となり、緊張を強いられる毎日のことでしょう。不安、いらだち、そして緊張。積み重なった感情があふれ出すとき、「怒り」となって表出されてしまいます。怒りが「二次的感情」と呼ばれる所以です[12]。

　一方、怒りをあらわにしてしまう副作用は大きなものがあります。人間関係を損なうだけではなく、自己嫌悪感が残ってしまいます。関係機関、同僚、上司、そして利用者との良好な関係づくりに怒りの態度は禁物。怒りの抑制は、あらゆる対人援助職としての基本的態度とされています。

　そうはいっても、日々の業務で生じた憤懣は消え去らず、行き場を求めてわが子への小言や夫婦喧嘩にすり替わり、お酒やたばこが増えてしまうことも……。怒りの感情とどう向き合うのか。福祉職のストレス低減を考えるうえで大切な課題となります。

"エネルギー"としての怒り

　「息の出入りを意識して、こころがさまよっても、また呼吸に意

識を戻していきます……」。

　毎朝、館内放送で流れる呼吸瞑想のガイダンス。50名以上の少年たちが寝具の横に座り、目を閉じ、マインドフルネスのプラクティスに集中する……。ある少年院の1日の始まりです。2015年6月、少年院法が改正され、マインドフルネスが矯正教育の周辺プログラムに仲間入りしました[13]。

　アメリカの刑務所では、マインドフルネスが導入されるようになって10年あまり。現在では多くの刑務所でプログラム化され、ストレスに満ちた生活環境への適応と怒りの抑制に役立つ方法として、受刑者に受け入れられています[14]。

　司法領域でマインドフルネスが注目されている理由の一つとして、「マインドフルネスは怒りを悪しきもの、あるいは消去すべきものとは考えない」という点があげられます。前述のように、怒りは二次的な感情です。多くの経験と感情反応が交錯（こうさく）した結果として、怒りが表出されます。怒りの否定は、その人の歩みすべてを否定することにつながりかねません。

　マインドフルネスは、怒りとは人との価値観の相違や自分に不利益が生じることなどへの生理的な反応であり、**自分を守るための「エネルギー」**とみます。実際、怒りを感じているときは、脳内にノルアドレナリンなどのホルモンが多量に行きわたり、筋肉への血流が増して闘争状態に入ります。生理的なレベルでは自己防衛の状態を「怒り」と名づけています。

　本来自分を守るための怒りの感情は、そのエネルギーが適切に消費されず、行き先が滞ってしまうと、自分自身に向かい、**自分を傷**

つけてしまう厄介なシロモノになってしまうのです。

　特に福祉職では、怒りの感情にフタをせざるを得ず、自己防衛のためのエネルギーは行き場を失い、心身の内にうごめく傾向が強まります。ここに、福祉職のつらさの一端があるのではないでしょうか。

"RAIN"を意識する

　こころとからだが揺さぶられるような過去に起こった強い感情経験を、しばし振り返ってみてください。嬉しい、楽しい、腹が立つ……。今はいかがでしょうか？　そのときと同じくらい感情が心身を駆け巡るでしょうか。おそらく、まったく同じにはならないと思います。

　マインドフルネスは、感情を「天気」にたとえます。**必ず移り変わっていくもの**。「そんなこと当たり前」と思われるかもしれません。でも強い感情を抱いているときは、その状態が永久に続くような錯覚に陥るものです。

　例えば、こころの底から「腹が立つ！」と叫ぶとき、その怒りには「私は」という主語が無意識のうちに隠されています。「（私は）腹が立つ」。**自動的に怒りと同一化してしまっている状態**ですね。怒りに支配されているともいえます。

　マインドフルネスは、「今、この瞬間に、意図的に注意を向けることによって現れる気づき」を耕します。マインドフルネスの営みは、**怒りに支配されている「私」に意図的に注意を向ける「もう一人の私」を育てます**。「（私は）腹が立つ」ではなく、**「腹が立つ**

(と感じている私)」という感覚を育てるのです。

一歩離れて怒りを俯瞰する「もう一人の私」は、"RAIN"のプロセスを意識することによって深化していきます[15]。ここでは原則を示し、実際の方法は、次の「5分でできるプラクティス⑥　ネガティブな感情へのマインドフルネス」をご参照ください。

R＝気づき（Recognition）

怒りの感情に支配されそうになったら、こころの中でやさしくその怒りに名前をつけてあげます。「いかり君」「ムカムカデ」……。この作業は「ラベリング」と称されます。

A＝迎え入れ（Acceptance）

怒りは自分を守るための防衛反応であり、悪しきものではありません。怒りに限らず、感情とは生きていくうえで自然に湧き出る人間の営み。怒りを含むネガティブな感情を否定せず、迎え入れるよ

うな気持ちで接してみます。

I＝探索（Investigation）

怒りはエネルギーのフロー。必ず始まりがあり、ピークがあり、終息していきます。このフローへの気づきは、身体感覚に注意を向けることで可能になります。怒っているときにからだに目を向けるなどできない、と思われるかもしれません。それでもマインドフルネスの営みを重ねることで上手になっていきます。

N＝非同一化（Non-identification）

前の3段階を経てくると、ネガティブな感情は「自分そのものではなく、自分の一部にすぎない」という感覚が生まれてきます。さらに、「私の怒り（my anger）」という所有感覚から「そこにある怒り（the anger）」という外在化された感覚に移り変わっていきます。

雨はいつか必ずやみ、晴れ間が広がっていきます。次頁に示したRAINプラクティスを取り入れ、怒りを抱く自分を受け入れ、身体感覚に現れるフローに気づき、怒りに支配されない智慧を少しずつ育てていきましょう。だんだん「キレちゃった」がなくなっていきます。

5分でできるプラクティス⑥

ネガティブな感情への
マインドフルネス

※音声ガイド "Meditation for Negative Emotion" は「本書の使い方」記載の URL からダウンロードできます。

　ご紹介してきたマインドフルネスのプラクティス（呼吸瞑想や歩く瞑想など）を行う際、強い怒りやネガティブな感情が出てくる場合、RAIN に準じたプラクティスをしてみましょう。また、仕事上あるいはプライベートで怒りの感情が湧き出てつらいとき、このプラクティスを取り入れてみてください。

❶ リラックスした姿勢をとってください。目を閉じてもいいですし、閉じなくても大丈夫です。２、３回ゆっくり深く呼吸をします。自分の姿勢やからだ全体の形に気づいてみましょう。

❷ ゆっくりと今抱いているネガティブな感情に意識を向けてみます。その感情にどんな名前をつけるといいでしょうか。シンプルな名前をポンとこころの中でその感情に乗せてあげましょう。

❸ 意識を呼吸に戻して、しばらくリラックスします。からだの中で心地いい部分に意識を向けてもかまいません。

❹ では、自分に問いかけてみましょう。「先ほど意識を向けた感情は、自分にとって OK かどうか？」。もし答えが「NO」であれば、「どのようにその感情を感じていますか？」と問いかけ、ゆっくりと怒り、憎しみ、恐怖といった言葉に置き換えてみましょう。

❺怒りやネガティブな感情の流れを探索していきます。その感情はからだのどの部分で感じているでしょうか。おなかのあたり、胸、喉、あるいは顔。呼吸をしながら身体感覚を確認します。

❻注意を感情に揺さぶられていないからだの場所にゆっくりと戻しましょう。30秒ほど心地いい身体感覚につながっていきます。呼吸を忘れずに。

❼再び、嫌な感情が現れるからだの部分にやさしく意識を向けます。どんな感覚でしょうか？ それは増えていきますか？ 減っていきますか？ 強まりますか？ 弱まりますか？ それとも別の感覚に変わりますか？ 詳しく観てあげましょう。

❽ゆっくり呼吸します。そして、注意を心地いいからだの部分に戻して、ゆったりとしましょう。

❾最後に自分に問いかけてみます。その感情は「私の感情」として感じますか？ それとも「そこにある感情」として感じますか？

❿では、心地いいからだの部分に意識を向けて、そしてその心地よさが全身に広がるように、注意をからだ全体に向けていきます。

そしてゆっくりと目を開けて、手足を動かし、伸びをしましょう。

❺と❼の探索（Investigation）において、身体感覚に注意を向ける時間は、感覚の強度やその日の状態によって柔軟に変えてください。10〜20秒ぐらいが目安です。怒りなどの感情を消し去ろうとせず、雨宿りのときに天を見上げ、雨の様子をうかがうがごとく、感情のフローを眺めてあげましょう。

あなたは「怒り」ではありません。毎日のプラクティスが何よりも大事です。怒りの鎮静剤として、マインドフルネスのプラクティスにこの瞑想を取り入れてみましょう。

こんなときはどうするの？

じっとしていられないとき

マインドフルネス瞑想中、とっさに立ち上がってやめたくなることはありますか？　それは誰にでも起きる普通の反応です。その衝動はあなたのせいではなく、からだから生まれる自然なエネルギーです。その衝動を抑えるのではなく、衝動とともに瞑想をしていくこころもちで。こころの中で「いらいら」「衝動」といった名前をつけ、からだのどのあたりで衝動を感じているのかゆっくりと探索してみましょう[15]。

第 2 章　ストレスから身を守り、気づきをもたらす五つの方法

COLUMN

福祉職の怒りを鎮める

　マインドフルネス講座を受けた福祉職から、怒りをマインドフルネスによってうまく制御できたというエピソードが聞かれました。
　40歳代男性の生活保護のソーシャルワーカーは、窓口で怒号を浴びせる生活保護受給者に対して、マインドフルネスの経験をいかしました。

・その人が窓口に現れて対応するとき、ちょっと一呼吸置いてからしようかなと思って。その人が来ると、プレッシャーもありますし、相手とのいろんなやり取りの中のうまくいかなかったときが思い出されて、不安みたいなものがやっぱり入り乱れます。なのでマインドフルネスをすることで、1回ちょっと落ち着かせて。自分はこれでいこうっていうふうに決めるっていう感じに落ち着くと、揺らがないで話ができるっていうところはありますね。周りのワーカーたちは落ち着いた私たちのやり取りを見て、驚いていました。

　精神保健領域で働く50歳代の女性ソーシャルワーカーは、担当の統合失調症を患う利用者宅から水漏れが生じ、階下の住人からのクレーム処理のために訪問した際の出来事を語ってくれました。

・クライエントの尊厳というか、魂っていうか、それをないがしろにされると何がなんでも闘ってしまう傾向にあったんです。自分でもそれには気がついていて、今回は「何とか上手にちゃんと説明をしてクライエントの代弁を……」っていうふうに思えて。それで、10分ぐらい早めに出ていって駐車場で呼吸瞑想やったんです。これまでは、最初はワーって自動的に闘ってしまったんですけど、この時は「私も自分の家だったらもちろん嫌だし、汚水が流れるっていうことはとても嫌なことだと思う」と言えて。すると相手も、落ち着いて対応してくれて、最後は玄関まで見送りに出てきてくれたんです。こんなこと初めてでした。

03 共感力を高める

共感のジレンマ

「共感」は、福祉職にとって慣れ親しんだ言葉であり、援助関係の土台を表す代名詞。「利用者の経験をあたかも自分が経験しているように感じ、客観的立場を崩さずに利用者の心情を理解しようとし続ける姿勢」と説明されます。「来談者中心療法」を提唱した C. ロジャースは、共感とは「利用者の自己理解や変容にとって不可欠となる援助者の態度である」と述べています[16]。

福祉現場において、利用者と出会うところ必ず援助関係が生まれます。最新の科学的知見にもとづくいかなる介入方法も、良好な援助関係があって初めてその効果が発揮されます。援助者の学歴、資格、そして技法のレパートリーよりも、援助者の共感的な態度——温かさや配慮ある対応のほうが利用者の満足感に大きく寄与することは、これまで多くの研究が明らかにしてきました[17]。

福祉職にとってバイブル的な存在、F. P. バイステックによる7原則は、援助関係の価値を表しており、共感は援助関係を形成するための核となる福祉職の態度とみなされてきました[18]。

しかし、**共感には「危うさ」も潜みます**。共感的態度から利用者の理解が深まる一方、共感性疲労、すなわち福祉職は利用者の苦悩や痛みを引き受け、疲労感や傷つき体験を蓄積してしまいかねません[19]。共感は、「諸刃の剣」となるのです。

近年の共感に関する研究は、共感を「認知的共感」と「情緒的共感」に分けて理解する必要性を指摘しています[20]。

認知的共感とは、利用者の視点に立ち、利用者の経験を「頭で」理解しようと努めることを指します。「相手の立場に立ってわがこ

とのように相手を理解する」。認知や思考レベルで利用者の立ち位置に自分を置くことを**「視点取得」**、視点取得にもとづく共感を認知的共感と呼びます。福祉職にとって、援助関係における共感とは、主に認知的共感を意味します。

一方、福祉職は、利用者の痛みや苦しみを身体レベルでも感じ取ります。利用者やその家族の心情

をわがことのように感じるがゆえに生じるどきどき、胃痛、疲労感……。これら無意識の反応を**情緒的共感**と呼びます。

専門家たるもの、動じてはならぬ——福祉職の間では、情緒的共感による反応を「よからぬもの」とみなしてはいないでしょうか。情緒的共感による心身への負担をケアしないがために、共感性疲労は増大し、バーンアウト（燃え尽き症候群）のリスクが高まってしまうのです。

共感から共鳴へ

援助場面で、私たちは情緒的な反応を避けることはできません。私たちの脳には、相手の意図や感情を自動的に察知する**「ミラーニューロン」**が備わっているからです。スポーツ観戦中に興奮してからだが勝手に動いたり、ドラマを観て涙することはありませんか？　スポーツ選手の身体感覚やドラマの主人公の情緒的反応が鏡

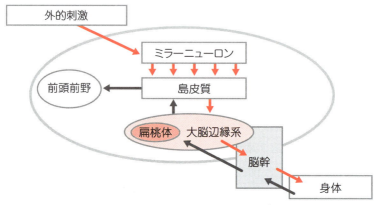

<図表5 ミラーニューロンと共鳴回路[22]>

に映った自分の姿のように受けとめ、同じような反応として表出するのです。これらはすべてミラーニューロンの成せる業です[21]。

　図表5をご覧ください。五感を通じてミラーニューロンがとらえた相手の意図や感情の神経信号は、脳から脊髄を通っていったん全身に広がります。そして、からだで起きた反応は再び脊髄を通って脳に舞い戻ります。この時、初めて相手の思いを察知するという状態に至ります。

　私たちのからだは、瞬時にこの循環を繰り返しています。常に全身を使って相手をとらえ、また相手にとらえられているのです。D.シーゲルは、この作用を「共鳴（resonance）」と呼びました[22]。

　先ほど述べた共感性疲労やバーンアウト（燃え尽き症候群）は、この共鳴の調整がうまくいかなかったことで生じてしまうと考えられます。マインドフルネスは、援助場面における利用者と福祉職との間の共鳴関係に「ハウリング」が起こらないよう、その波長をうまく調整するはたらきをしてくれるのです。

波長を整えるマインドフルネス

マインドフルネスは、食べる、歩く、そして呼吸など身体感覚の変化に意識を向け、こころの彷徨(さまよい)を「いい・悪い」で判断せずに受容し、また身体感覚に注意を戻していきます。この トレーニングは、**情緒的共感によってからだが受ける影響に敏感になり、柔軟に対応するための「準備運動」のような効果を福祉職にもたらします。**

　自分の姿を自らのこころに映し出すミラーリング。その力を耕すマインドフルネスは、やがて利用者の情緒や心情を映し出す「こころの鏡」を福祉職の内に育て、磨き上げていきます。こころの鏡は、共感に潜む「諸刃(もろは)の剣(つるぎ)」を鞘(さや)に収める力も兼ね備えているのです。

　マインドフルネスが認知・情緒の双方から共感力を深め、共感性疲労を防ぐメカニズムは、以下の3点から説明することができます。

①刻々と移り変わる感覚や思考の流れを俯瞰(ふかん)するマインドフルネスの習慣は、福祉職自身の自動的な反応を抑制し、一呼吸おいた落ち着きある応答力を涵養(かんよう)してくれます。

　福祉職にあって援助場面でイラッときたり、焦ったりすることはないでしょうか。マインドフルネスの積み重ねは、イラッときたときの自分の身体感覚への気づきを鋭敏にし、いわゆる「売りコトバ

に買いコトバ」に陥らないための「こころのクッション」を与えてくれます。こころのクッションは、援助者の一貫した応答を支え、利用者の安心や信頼を呼び寄せることにつながります。

②マインドフルネスの習慣を続けることで、利用者の微細な非言語的メッセージに気づく力が養われます。

相手の思いを映し出すミラーニューロンによる鏡効果により、自分の身体感覚への気づきが深まることで、利用者の情緒を察する力が養われます。それも直感に近い感覚で。この察する力の深化は、利用者の心情を読み取ろうという援助者の認知的な気負いを緩め、ありのままの利用者の姿を感受するこころの余裕を生みます。こころの余裕は、さらに問題の画一的な見方を緩め、利用者のストレングスを含む多角的なアセスメントへと援助者をいざないます[23]。

③マインドフルネスによる微細な心身反応への気づきは、逆転移への内省を促します。

逆転移とは、福祉職側から利用者に対して向けられる情緒的、感情的な反応を意味します。逆転移反応も、最初は援助者の身体反応から始まります。「胃がぐにょり」「胸のざわつき」「眉間（みけん）にシワ」など……。

マインドフルネスの素晴らしさは、逆転移反応を身体レベルでいち早く自覚できるようにしてくれる点にあります。そして、自分の反応を「いい・悪い」で判断せず、あるがままに受容し、適切に対処するための「こころの静けさ」を深めてくれます。こころの静けさは、利用者を避けたり家族のように慕ったりするこころの揺れに気づき、躊躇なく同僚や上司に自分の状態を相談できる姿勢につながります[24]。

> 5分でできるプラクティス⑦

ボディスキャン

※音声ガイド "Body Scan" は「本書の使い方」記載の URL からダウンロードできます。

　ここでは、マインドフルに全身へくまなく注意を向け、感覚に気づいていくプラクティス、「ボディスキャン」をご紹介します。CTスキャンのように、つま先から頭の先まで（その逆でもOK）、ゆっくりと光が当たっていくように、意図的に意識を身体感覚に向けていきます。
　圧迫感、緊張、軽さ、重さ、温かさ、冷たさ、心地よさ、震え、ぴりぴり、ちくちく、かゆみ、脈打つ感じなど多彩な感覚があるでしょう。一つの感覚が強いことも、混ざったような感覚になることも、何も感じないこともあります。正しい感覚などありません。ただからだに起きている感覚をあるがままに気づいていきます。
　それぞれのからだの部分について、「感覚が十分わかったなぁ」と思うまで時間をかけてもかまいません。スキャンのスピードはその時々の自分の状態で調整してみてください。

❶瞑想の姿勢をとりましょう。目は閉じてもいいですし、閉じなくてもかまいません。今回は、座るかわりに仰向けに寝てもかまいません。自分の姿勢や全身の形に気づいていきましょう。
❷頭のてっぺんに意識を向けてみます。何を感じますか？　ちくちく、動き、かゆみ……。注意を頭全体に広げていきます。頭の感覚は感じにくいかもしれませんが、今、そこにある感覚をあるが

ままに感じてみてください。

❸注意を額から顔に下ろしていきます。目、鼻、頬、唇、あご……。顔全体の感覚を感じてみましょう。こころをオープンにして、好奇心をもって、あるがままに……。

❹次に、首から喉へ……。そして注意を両肩に下ろしていきます。もし肩に緊張やこりを感じる場合、緊張している部分をリラックスさせるように、口からはぁーとゆっくり息を吐きましょう。

❺左手に意識を移していきます。上腕、肘、そして手のほうへ。手のひら、そして5本の指にそれぞれ意識を向けていきましょう。腕を視覚化するのではなく、内側から腕の感覚を感じるように、今、この瞬間の微妙な感覚を味わいます。右手も同じようにスキャンしていきます。

❻背中の上部に意識を戻していきます。背中の感覚を上下に行ったり来たりしながら感じてみます。背中の感覚がよくわからない場合、「よくわからない」ことに気づいてみましょう。

❼次に胸からおなか、骨盤のあたり、おしり、そして左の太もも、左足の膝、ふくらはぎ、かかと、足の甲、足の裏、そして足の指へと意識を向けていきます。同じように右足へとスキャンを広げていきます。

❽全身に意識が行きわたった感覚を感じてみましょう。そしてこのままボディスキャンを終わってもいいですし、もう一度つま先から頭へ逆にスキャンしてもかまいません。

第2章　ストレスから身を守り、気づきをもたらす五つの方法

　ボディスキャンを重ねるごとに、今、この瞬間に生じている自分の身体感覚に信頼を寄せることができるようになります。そして、「今、自分のからだは何を求めているのか?」「今、自分のこころは何が必要なのか?」といった問いに、自信をもって答えられるようになります[24]。自分への信頼は、頼れる福祉職の姿となり、利用者の信頼にもつながっていくことでしょう。

> **こんなときはどうするの❓**
>
> ボディスキャンを深めるには
>
> 全身の感覚をスキャンして、そのままの状態で呼吸を意識してみます。頭のてっぺんに穴が開いていることを想像して、その穴から空気が手足の隅々まで行きわたるように息を吸い、手足の先から空気が頭の穴から抜けるように息を吐いていきます。もちろん、足のつま先から空気が入って出ていくように想像してもかまいません。全身の感覚が一体感とともに感受できる呼吸となります。時間がないとき、ボディスキャンを簡略化してこの呼吸だけをしてみるのもいいでしょう。

COLUMN
利用者が見えるように…

　ここでは、マインドフルネスが心身の波長を整え、共感関係を深めるメカニズムを紹介しました。マインドフルネスによる自分の心身反応への気づき、一呼吸おいた応答、そして利用者の微細な非言語メッセージへの気づき。

　後見人支援センターで働く30歳代男性は、「クライエントの笑顔に気がつくようになった」と話してくれました。

・今まで、クライエントの笑ったイメージがなかったんです。多分自分が、クライエントが笑ってるっていうのを意識したり、うれしいと思うことがなかったんですね。気づきですよね。マインドフルネスをするようになってから、クライエントの笑顔っていうのをすごく意識します。笑ってくれてるってことは、すごく喜んでくれているってことですよね。こっちに何か心を許してくれてるという。それを支援の中でできてるっていうことが、すごくいいことって。今まで、そういうことを忘れていたというか、見失っていたというか。

　精神障害者支援に従事する30歳代男性のソーシャルワーカーは、マインドフルネス講座を受けてから面接中に呼吸瞑想を応用するようになったとのこと。精神障害を患う利用者との面接場面での変化を次のように語ってくれました。

・ずっとよく集中してクライエントの話を聞いてるだけだと、何かその場に自分がいなくなってるというか。話を聞いていても聞いてないような感じになるんですよね、真剣に聞いていると。何かその人が風景になってきたりとか。それで、そんなふうになると、マインドフルネスのように呼吸に気持ちを向けると、クライエントが生身の人に見えてくるとか、そういうのは感じます。風景になっていたものが再び人に見えてくる、戻ってくるというか。

04 コンパッション 〜慈しみの覚醒

慈しみ 〜コンパッション

　前項に引き続き、ここでは、福祉職にとってマインドフルネスが実りある援助関係を構築する支えとなるメカニズムをさらに掘り下げていきます。キーワードは、「**コンパッション（compassion）**」です。

　コンパッションとは、「**人（利用者）の苦悩を取り除きたいと願う慈しみに満ちた思い**」と定義されます[25]。マインドフルネスは、私たちの内なるコンパッションを目覚めさせ、今、この瞬間の寄り添いを温かなものにしてくれます。コンパッションへの気づきは、共感の負の側面である傷つきやバーンアウトのリスクをはねのけてくれる「防御シールド」を得ることにもつながっていきます。

　コンパッションは、理念や価値のレベルを越えて、動物行動科学や脳神経科学の研究対象となり、そのメカニズムが科学的に解明されようとしています。コンパッションは、福祉職にとって人を支える根源的なモティベーションの存在を感じ取り、仕事への活力の源になる可能性があるのです。

共感とコンパッション

　前項のキーワード、共感とは「相手の立場に立ってその人の心情や経験を理解しようとする姿勢」を表します。一方コンパッションは、「人の苦しみを和らげたい」という静かな熱意であり、援助の動機が鮮明である点で共感とは区別されます。

　「そんな気持ちどこかに置いてきてしまった……」と思ってしま

う福祉職も少なくないことでしょう。「慈しみなんて言ってられない！」という福祉現場の凄まじく多忙な状況も現実かと思います。慈しみという言葉に「胡散臭さ」すら感じ取られるかもしれません。しかし、今やコンパッション研究は急速に進展し、慈しみの源泉は私たち一人ひとりに、そして小さな動物にさえ備わっていることがわかってきました。

ネズミにも宿る？

　佐藤暢哉氏らは、「ネズミ」にコンパッションの素養らしきものがあることを科学的に実証しました[26]。佐藤氏は、図表6のように二つの区画のうち一方に水を張る装置を開発し、両方の区画に一匹ずつネズミを入れました。真ん中の透明な仕切りにはドアがついており、水のない区画にいるネズミ（図表6右）は、そのドアを開けて水の中であえぐネズミを助け出せるようになっています。

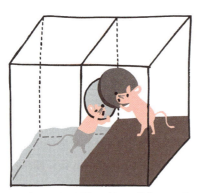

＜図表6　ドアを開けて仲間を救出しようとするネズミ＞

　実験では、水攻めに苦しむネズミを他方のネズミが助ける行動が繰り返し確認されました。また、自分も水攻めされた経験をもつネズミが助ける側にまわったときは、水攻めの経験のないネズミよりもいち早く救出行動を取りました。さらに、水攻め経験の有無にかかわらず、エサよりも救出行動を優先する

こともわかりました。

　同様の行為は、サルにもみられます。アメリカ・エモリー大学の霊長類研究の先駆者、F. ドゥ・ヴァール氏らの研究では、がんで終末期を迎えたチンパンジーが壁を背に座っていると、少しでも楽にしてやろうと、その背中と壁の間に木毛（寝床を作るときに使う木屑）を押し込もうとする別のチンパンジーの姿が観察されました[27]。近年の動物行動科学における研究は、動物にみられる利他性を明らかにし、弱肉強食という動物界のイメージを根底から覆す時代となりました。

　動物たちはなぜ相手の苦しみを感受し、その除去のために尽くそうとするのか。そのメカニズムの解明はこれからの課題です。ただ、**コンパッションの源泉は、人固有の知能や知性に由来するものではないかもしれないのです**。「相手の立場に立って」といった思考や認知レベルではない、動物にも備わる根源的な領域にコンパッションの泉が私たち一人ひとりに備わっている可能性があるのです。

コンパッションを耕すマインドフルネス

　マインドフルネスは、私たちの心身に潜むコンパッションを呼び覚ましてくれる効果的な方法となります。マインドフルネスが慈しみのこころを育むメカニズムは、次のように説明されます[28]。

　マインドフルネスは、あるがままのこころとからだの移ろいに意識を向け、とらわれず、俯瞰していきます。呼吸瞑想や歩行瞑想などを積み重ねることで、自動的に浮かぶ考えや思いを簡単には制御

できない自己への気づきが深まります。その過程で、「自分をコントロールできる」あるいは「自分は自分のもの」という意識が緩み、生きとし生けるものとの融合のなかで自分が生かされている、という気づき、そして感謝の念がからだから湧き起こる感覚が生まれます。この身体感覚が、互いに支え合いたいという情動、すなわちコンパッションの覚醒を促すと考えられています。

マインドフルネスによる慈しみの涵養（かんよう）は、脳神経科学の研究からも解明が進んでいます。ドイツの科学者O. M. クリメツキらの実験は有名です[29]。彼らは、被験者たちに苦しむ人の姿を映したビデオを観てもらい、「共感トレーニング（登場人物の心情を読み取ろうとする作業）」を受けたグループ（32名）と「慈しみの瞑想（loving-kindness meditation）」を受けたグループ（30名）の間で、感情反応や脳の反応に関する比較研究を行いました。慈しみの瞑想とは、コンパッションを耕すマインドフルネス・プラクティスの一つです。

結果として、「共感トレーニング」を受けたグループは、他者の感情を読み取る力は増したものの、罪悪感や焦燥感などのネガティブな感情が出てきました。一方、「慈しみの瞑想」を受けたグループは、助けたい、つながりたいというポジティブな感情で満たされ、ネガティブな感情はむしろ低減しました。

fMRIによる脳スキャンでは、共感グループは前中帯状皮質と前島皮質など「からだの痛み」を感受するときと同じ部位が優位に活性化されていました。一方、慈しみの瞑想グループでは眼窩前頭皮質（がんかぜんとうひしつ）、腹側線条体、前帯状皮質など「母性愛」と関連した部位が活性化されていました[30]。

「慈しみの瞑想」は自分への慈しみのこころ——**セルフ・コンパッション（self-compassion）**も同時に育てます。**セルフ・コンパッションとは、自分の不完全さに抗（あらが）わず、人と比較したり、善悪で判断したりしないで自分を受け入れようとする温かい気持ち**を表します[31]。クリメツキらの研究における慈しみの瞑想グループでは、相手の苦悩に引き込まれないように自分を守る緩衝（かんしょう）材として、慈しみの感情が作用したと考えられています。

マインドフルネスは、筋トレのような今すぐに誰にでもできるプラクティスを通じて、他者と自分双方への慈しみのこころを育てます。そして、傷つきやバーンアウト（燃え尽き症候群）など共感による負の側面に陥らない援助者の「こころのあり方」を指し示してくれるのです。

5分でできるプラクティス⑧

慈しみの瞑想

※音声ガイド "Loving kindness Meditation" は、「本書の使い方」記載の URL からダウンロードできます。

　コンパッション、そしてセルフ・コンパッションを積極的に耕すマインドフルネス・プラクティス、「慈しみの瞑想」をご紹介します。

　慈しみの瞑想は、「言葉の瞑想」と言ってもいいかもしれません。ただ言葉をこころで繰り返していきます。コンパッションは、思考や認知作業によって養われるものではありません。「相手の苦しみを取り除こう」と意気込んでもコンパッションは育ちません。言葉をこころで繰り返していく。ただ、それだけでよいのです。

　その言葉とは、「〇〇が幸せでありますように。〇〇が苦しみから解放されますように」というシンプルなものです。〇〇に当てはまる慈しみの対象は、1）自分、2）大切な人、3）名前も知らないすれ違ったくらいの人、4）好きでない人、そして5）生きとし生けるものすべて、へと広げていきます。自分に近い人から遠い人へ対象を広げていくことで、慈しみの気持ちを育てることが容易になります。

❶瞑想の姿勢をとりましょう。ゆったりと座って、もしからだがつらいようであれば仰向けで寝ていただいてもかまいません。気持ちを落ち着かせていきます。

❷最初に自分に対して慈しみの気持ちを送っていきます。温かい気

持ちで自分を包み込むように、自分に語りかけてみてください。「私が幸せでありますように」「私が苦しみから解放されますように」。ゆっくりと呼吸しながら何度かこの言葉をこころで繰り返していきます。

❸次に、自分にとって大切な人、好きな人、尊敬できる人を1人選んでください。その人の表情や姿をこころに抱きます。もし思い浮かばない場合は、好きなキャラクターやぬいぐるみでもかまいません。そして、温かな気持ちをもってこころで言葉を繰り返していきます。「この人（〇〇さん）が幸せでありますように」「この人（〇〇さん）が苦しみから解放されますように」。ゆっくりと2、3回語りかけてみましょう。

❹今度は、今日電車や道ですれ違ったくらいの見ず知らずの人を思い起こしてみます。誰でもかまいません。先ほどと同じように、その人の表情や姿をこころに抱いて言葉を繰り返していきます。「この人が幸せでありますように」「この人が苦しみから解放されますように」。

❺では、自分にとって嫌いな人、ネガティブな思いが湧き起こるような人を1人選びます。皆さんのなかに息づく慈しみのなかに、その人への嫌な感情を溶かすように言葉をこころで繰り返していきます。「この人（〇〇さん）が幸せでありますように」「この人（〇〇さん）が苦しみから解放されますように」。

❻最後は、自分も他人もすべての人や生き物、存在を含めた「生きとし生けるもの」に慈しみの気持ちを送っていきます。ただ、言葉をこころで繰り返してみてください。「生きとし生けるものが幸せでありますように」「生きとし生けるものが苦しみから解放

されますように」。

　慈しみの瞑想は、コンパッションを耕す方法として科学的に効用が認められたプラクティスの一つです。決して宗教的な教義や思想に通じるものではありませんし、人格の変容などを目的にしていません。ぜひ、慈しみの瞑想を日常生活のなかに取り入れてみてください。

　もし痛みがひどく自信を失いかけているとき、また、仕事がうまく回らず自己嫌悪感が出ているときなどは、自分への慈しみの部分（「私が幸せでありますように」「私が苦しみから解放されますように」）だけでも十分です。シンプルに自分へのいたわりの気持ちをもって、言葉をこころのなかで繰り返してみてください。

> **こんなときはどうするの？**
>
> **妨げとなる感情があるとき**
> フラストレーション、怒り、いらいら、悲しみ、そして憎しみ……瞑想中にネガティブな感情や身体感覚の変化が生じることは誰にでもあります。疑念と同じく、その感情に「怒り」「いらいら」「悲しみ」などとこころで名前をつけてみます。そしてからだのどの部分で感じているのか、ゆっくり探索してみましょう。また、慈しみの瞑想でご紹介した「私が幸せになりますように。私がすべての苦しみから解放されますように」という言葉をこころで何度か繰り返すのもいいでしょう[32]。

COLUMN

慈しみと福祉的価値

　相手の苦しみを取り除きたいと願う根源的な思い——コンパッション。あるがままの自分を温かく受け入れようとする思い——セルフ・コンパッション。マインドフルネス講座を通じて、それらの覚醒を感じた福祉職の語りが次のように紡がれました。

　40歳代男性の公的扶助領域で働くソーシャルワーカーは、慈しみの瞑想体験を次のように話してくれました。

- マインドフルネス講座で慈しみの瞑想をしたときに、個人やすべてのものに対しての慈しみ、救われますように、苦しみから解放されますように、という瞑想をしているとき、結構本気でその人には幸せになってほしいとか、すべての苦しみから解放してほしいとか、そういう感覚が実際にあったんです。瞑想が終わった後も続いていて、すごく苦手な人、すごく自分の中でその人のことを自分の存在から消したいなって思うような人も、そういうふうに瞑想のときに思い出して自分の中で唱えたんだけど、ほんとに本気で幸せになってほしいなっていうのがあって。

　近年、コンパッションの醸成に焦点を当てた方法、「コンパッション・フォーカスト・セラピー（CFT）」なども開発され、コンパッションにもとづいた実践と研究が加速化しています。福祉職にも活用してもらえるようなしくみの構築が期待されています。

05　脳を整え、注意力を高める

翻弄されないために

　多くの担当ケースを頭で反芻(はんすう)しながら家庭訪問や介護業務をこなし、利用者との生々しいやり取りでクタクタになりながらも、「書類を片付けよう」と思ってデスクに向かった途端、緊急対応で席を立つ……。福祉職は日々、一つのことに集中しづらい状況下で仕事に従事せざるを得ないのではないでしょうか。

　ここで取り上げるのは**「注意力」**。マインドフルネスは、膨大な業務に追われていても注意力を高め、自分を信頼できるこころを耕してくれます。

　持続的なマインドフルネスの経験は、仕事の優先順位が自然に見通せるようになったり、仕事を後回しにして後悔してしまうことを防いだりする効果が期待されます。また、一つのケースに対して集中しつつ、全体の担当ケースを俯瞰(ふかん)できる注意力が耕され、「どこまでやっても終わらない」といった仕事からくる慢性的な負担感も軽減することが可能となります。

二つの注意力

　私事で恐縮ですが、私は小学校の６年間、通知簿に「ちゅういさんまん」と書かれ続けました。「りんご二つとみかん三つをかいました。ぜんぶでいくつ？」という算数（１年生）の問いに、「なぜぶどうをかわないんだろう。でもぶどうはタネがあるな。そういえばスイカも……」と、ぼんやりしている奇妙な子どもでした。

　イケノ少年には、一つのことに注意を向ける**「焦点化する力**

(focused attention)」が欠けていたことは明らかです。同時に、空想によるこころの移ろいに「気づき」、注意を算数に戻していく力も育っていなかったと考えられます。こころの揺らめきやまわりの状況に気づく力——「**開かれた観察力（open monitoring）**」の欠如です。注意力とは「焦点化する力」と「開かれた観察力」という二つの側面からとらえ、高めていく必要があります[33]。

　福祉職においても、めくるめく仕事のフローのなかで一つのことに集中し、注意を向け続けていく力は欠くことができません。期日までに書類を仕上げる際、雑音や雑念にとらわれず、注意を焦点化できなければ課題の達成が危ぶまれます。一方、利用者の生活環境を把握するために家庭訪問などリーチアウトの支援を行う場合など、家の中の状況、例えば家具の位置、装飾品、清潔さ、雰囲気、そして地域における社会資源とのアクセスなどに注意を広げ、アセスメントにいかすための広い観察力も必要となるでしょう。

注意力を鍛えるマインドフルネス

　マインドフルネスは、この「焦点化する力」と「開かれた観察力」をともに鍛えてくれます。マインドフルネス瞑想では、呼吸や身体感覚に注意を向け（焦点化）、自然に湧き起こる思いや考えに気づき、あるがままに迎え入れ（開かれた観察）、また呼吸や身体感覚に意識を戻していく（焦点化）ことを繰り返していきます。元来、**マインドフルネスそのものが二つの注意力を意図的に制御する練習の機会**となっているのです。

　同時に、マインドフルネスは、二つのうちどの注意力を使うか、

うまく選択できるための智慧を与えてくれます。私の師匠 D. ウィンストン氏は、この智慧をカメラ撮影にたとえて説明します[33]。

例えば、私たちが「桜」を撮影するとき、天候、開花状態、立ち位置、そのときの感情などによって、花びら一枚にフォーカスしたり、桜の木をパノラマのように写したりとアングルを選択します。

同じように、マインドフルネス瞑想の間も、私たちは注意の仕方に気づき、工夫して瞑想を続けていきます。呼吸に意識を集中することで安心感を得るときもあるし、湧き起こる思いや身体感覚の変化をパノラマのごとく眺めることで落ち着きを取り戻すときもあります。瞑想を続けると、**今、自分が二つの注意力のうちどちらを使っているのか、それは心地いいかどうか、という具合に、注意の向け方をうまく選び、調整できるようになっていくのです。**

マインドフルネス瞑想が習慣になると、たとえ仕事中に注意が散漫になったとしても、それは「自然なこと」と受け止めるこころの余裕も生まれてきます。なぜなら、瞑想中に注意が呼吸や歩行から離れることは自然なことであり、いつでも注意を戻せることを体感しているからです。どんなときでも自分を責めることなく、自分を信頼する気持ちが高まります。

私の場合、注意がそれたことに気づくと、「今、ここでの自分に

気づけた！マインドフルなこころがまた鍛えられた！」という喜びに包まれます。注意力をめぐって自分と格闘しなくなるだけでも、ストレス低減につながっていくことでしょう。

ディフォルト・モード・ネットワーク

さらに……。マインドフルネスは、脳の根本的なはたらきを整えることで、もてる注意力を十分に発揮できるようにしてくれることもわかってきました。端的には、「マインドフルネスは脳の**ディフォルト・モード・ネットワーク（DMN）**を健全化し、必要とされる注意力をスムーズに発揮できるように脳を整える」と説明することができます[34]。

DMNとは、意図的な思考や作業を伴わない「ぼんやりと空想しているような状態」において活性化されている脳のネットワーク（特に内側前頭前皮質、前・後帯状皮質、海馬、扁桃体など）を表します。2001年にワシントン大学（Washington U, St. Louis）医学部の脳神経学者、M. E. ライクルによって発見されました[35]。

DMNの発見によって、雑念や空想が現れているときの脳は休んでいるわけではなく、一定のエネルギーを消費していることがわかりました。DMNは、アイドリングしている車のエン

ジンによくたとえられます。車は止まっていてもエンジンはONの状態で、いつでも動き出せる状態を保っています。脳も同様で、DMNを保ち、必要な反応をいつでも起こせるように準備しているのです。

　近年DMN研究は加速し、統合失調症やうつ病、自閉症、注意欠陥多動性障害（ADHD）などをもつ人の一部に不安定なDMNが確認されています[36)][37)]。「DMNの不調和によって、注意・集中が困難になる」ことは、多くの研究が指摘するようになりました。

　マインドフルネスは、移りゆく雑念や空想に意図的に注意を向け、あるがままに受け入れていきます。これは無意識レベルのDMNを意識的に再現することにつながります。なぜなら、DMNとマインドフルネス瞑想中の脳の動きは、多くが重複することがわかってきたからです[38)]。

　そのため、**マインドフルネスによる雑念や情動などの発生の受容と沈静化は、不安定なDMNの調整機能を果たす**ことが期待され、その効果も実証されるようになりました[38)][39)]。空想や雑念に支配されず、いざというときに注意を焦点化したり、オープンに広げたりできる「脳の円滑な準備状態」をマインドフルネスは支えてくれるのです。

　注意力をスムーズに発揮できる脳の準備、そして適切な注意力を選び、力を発揮できるようにしてくれるマインドフルネス。注意力はマインドフルネスの積み重ねで鍛えていくことができます。

> 5分でできるプラクティス⑨

注意力を高める二つの瞑想

　呼吸瞑想、歩行瞑想、ボディスキャンなど、マインドフルネスのプラクティスには「焦点化する力」と「開かれた観察力」を養う効果が明らかにされています。ここでは、師匠のD.ウィンストンが推奨する注意力の向上に特化したプラクティスをご紹介します[33]。二つの注意力をそれぞれ高めていく方法です。

「焦点化する力」を育てる瞑想

❶いつものように瞑想の姿勢をとりましょう。少し背筋を伸ばして座るか、もし疲れを感じる場合は仰向けで寝ていただいてもかまいません。からだ全体の形、感覚をサーッとスキャンしていきます。リラックスしましょう。

❷気持ちが落ち着いたら、ゆっくりと呼吸に意識を向けます。鼻の奥を空気が通る冷たさや温かさ、肩、胸、おなかの動き、からだの浮き沈み……。1回1回の呼吸が新鮮で違ったものであることに気づいていきます。

❸呼吸の営みに注意を向けることができたら、ゆっくりと呼吸を数えていきます。息が入って出て行く、あるいはからだが浮き沈むのを1回とします。1、2、3、……10、1、2、3……と10まで数えたらまた1に戻り繰り返していきます。ゆっくりと自然な呼吸で。

❹もし途中で注意がそれて、他のことを考えたり雑念にとらわれた

りしても慌てず、その考えや思いに短い名前をつけてあげてください。そして、また1、2、……と呼吸をカウントしていきます。もしこのプラクティスが心地いいと感じる場合、5〜10分ぐらいを目安に続けてみてください。

「開かれた観察力」を育てる瞑想

❶ 瞑想の姿勢をとります。仰向けに寝てもかまいません。2、3回深く呼吸をします。リラックスしていきましょう。

❷ ゆっくりとまわりの音に意識を向けていきます。部屋の中から、部屋の外から、あるいはからだの内から発せられる音……。1回限りの音、継続して聴こえてくる音、波打つような音、出ては消えていく音……。ただ、あるがままに迎え入れていきます。

❸ 音源をたどったり、音の理由を探ったり、音にストーリーを追い

求めたりせず（例えば「あの音は子どもが悪さをしている音だろう」と思い巡らせず）、ただ音の移り変わりに聴き入り、受けとめていきます。

❹もし雑念や特定の考えやストーリーが浮かんできても、ゆっくりとそのこころの移ろいに気づき、いい・悪いで判断せず、また音の流れに意識を戻していきます。５分ほどを目安にこのプラクティスを日常に取り入れてみましょう。

これら二つのプラクティスは、注意力のコントロール感が弱まっているなあと感じるとき、その時々の好みでいずれかを選び、取り入れてみてください。それぞれ５分程度を目安としますが、私の経験では、たとえ１分でも注意力の調整に役立つと思います。

こんなときはどうするの❓

かゆみがあるとき

呼吸瞑想やボディスキャンの最中に、からだや顔にかゆみを感じることがありますよね。「瞑想中は動いてはいけない、かいてはいけない」と思ってひたすら我慢する必要はありません。ただし、かゆみに対して自動的にかくのではなく、マインドフルにかいていきます。かゆみに気づき、一瞬一瞬の手の動きを感じながら、かゆみの場所に手をやり、厳（おごそ）かにゆっくりかきます。かいているときのかゆみの変化に気づきましょう。そして、また動きに気づきながらゆっくり手を戻していきます。

COLUMN

利用者に気づく・集中する

　一つのことに注意を集中する「焦点化する力」と広く多くのことに気づく「開かれた観察力」。ここでは、マインドフルネスが二つの注意力を育てるメカニズムを取り上げました。

　障害者福祉領域で相談援助に従事する30歳代女性ソーシャルワーカーは、転職して1年目。慣れない身体障害者との援助関係を築くことに試行錯誤の毎日でした。マインドフルネスの経験から利用者の非言語的メッセージとその意味への洞察が深まりました。

・今、事故で半身不随になった人を担当していて、そのクライエントは何でも「できます、できます」って言われるんですけど、多分私に対してだから「できる」って言っているんだろうな、と気づくようになって。私に言うことと、家族に実際に言ってることがおそらく違うんだろうと気づくようになったんですね。マインドフルネスの経験があったからだと思うんですけど、クライエントの顔、表情を見れるようになって、もしかしたら、クライエントは私の前では少しいいように見せようとしているんじゃないかと気づくようになりました。

　生活保護ワーカーの30歳代男性は、生活保護受給者宅への家庭訪問の際、マインドフルネスによって耕された「開かれた観察力」への気づきを次のように語ってくれました。

・マインドフルネスによるものか、あるいは気のせいかもしれないですけど、クライエントに伝えるべきことを思い出す頻度が増えたというか。視野が広がったからか、例えば、寝たきりのおばあちゃんが、いつも寝てたのに、椅子に座ってるのに気づくことができて、「あ、今日は座っておられますね」って言うと「そうなのよ、薬変えて安定し出したのよ」って言われたり。それで会話の展開が広がるのは、あるかもしれないですね。

引用文献

01 からだの痛みを和らげる

1) Kabat-Zinn, J. (1990). *Full Catastrophe Living: Using the Wisdom of Your Body and Mind to Face Stress, Pain, and Illness*. Delta. 春木豊（訳）『マインドフルネスストレス低減法』北大路書房、2007年
2) 介護労働安定センター（2017）『介護労働の現状について：平成27年度介護労働実態調査』(http://www.kaigo-center.or.jp) 2017/05/01.
3) Lorenz, J., Minoshima, S. & Casey, K. L. (2003). Keeping pain out of mind: the role of the dorsolateral prefrontal cortex in pain modulation. *Brain*, 126 (5), 1079-1091.
4) Apkarian, A. V., Sosa, Y., Sonty, S., Levy, R. M., Harden, R. N., Parrish, T. B. & Gitelman, D. R. (2004). Chronic back pain is associated with decreased prefrontal and thalamic gray matter density. *Journal of Neuroscience*, 24 (46), 10410-10415.
5) Rodriguez-Raecke, R., Niemeier, A., Ihle, K., Ruether, W. & May, A. (2009). Brain gray matter decrease in chronic pain is the consequence and not the cause of pain. *Journal of Neuroscience*, 29 (44), 13746-13750.
6) Smalley, S. L. & Winston, D. (2010). *Fully Present: The Science, Art, and Practice of Mindfulness*. Da Capo Press (p.77, 80, 95-96.). 本間生夫・下山晴彦・中野美奈・政岡ゆり（訳）『マインドフルネスのすべて：「今この瞬間」への気づき』丸善出版（80、83、90-100頁）、2016年
7) Tang, Y. Y., Hölzel, B. K. & Posner, M. I. (2015). The neuroscience of mindfulness meditation. *Nature Reviews Neuroscience*, 16 (4), 213-225.
8) Treadway, M. T. & Lazer, S. W. (2010). The neurobiology of mindfulness. In Didonna, F. (Ed.), *Clinical Handbook of Mindfulness* (pp. 45-58). Springer.
9) Lazar, S. W., Kerr, C. E., Wasserman, R. H., Gray, J. R., Greve, D. N., Treadway, M. T., ... & Rauch, S. L. (2005). Meditation experience is associated with increased cortical thickness. *Neuroreport*, 16 (17), 1893.
10) Halifax, J. (2009). *Being with Dying: Cultivating Compassion and*

Fearless in the Presence of Death. 井上ウィマラ（監訳）『死にゆく人と共にあること：マインドフルネスによる終末期ケア』春秋社、2015年
11）Hilton, L., Hempel, S., Ewing, B. A., Apaydin, E., Xenakis, L., Newberry, S., Colaico, B., Ruelaz Maher, A., Shanman, R. M., Sorbero, M. E. & Maglione, M. A. (2016). Mindfulness Meditation for Chronic Pain: Systematic Review and Meta-analysis. *Annals of Behavioral Medicine*, 1-15.

02　怒りを鎮（しず）める

12）Potegal, G. S. M. & Spielberger, C. (Eds.). (2010). *International Handbook of Anger*. Springer New York.
13）池埜聡「少年院矯正教育へのマインドフルネス導入をめぐる実践及び研究課題」『人間福祉学研究』、9（1）、67-89、2016年
14）Samuelson, Marlene., Carmody, James., Kabat-Zinn, J., Bratt, Michael, A. (2007). Mindfulness-based Stress Reduction in Massachusetts Correctional Facilities. *The Prison Journal*, 87（2）, 254-268.
15）Smalley, S. L. & Winston, D. (2010). *Fully Present: The Science, Art, and Practice of Mindfulness*. Da Capo Press (pp.112-119, 200-201). 本間生夫・下山晴彦・中野美奈・政岡ゆり（訳）『マインドフルネスのすべて：「今この瞬間」への気づき』丸善出版（116-123、206-207頁）、2016年

03　共感力を高める

16）Rogers, C. R. (1942). *Counseling and Psychotherapy: Newer Concepts in Practice*. 末武康弘・保坂亨・諸富祥彦（訳）『カウンセリングと心理療法：実践のための新しい概念』岩崎学術出版社、2005年
17）Lambert, M. J. & Simon, W. (2008). The therapeutic relationship: Central and essential in psychotherapy outcome. In S. F. Hick & T. Bien (Eds.), *Mindfulness and the Therapeutic Relationship* (pp. 19-34). Guilford.

18) Biestek, Felix. P.（1957）. *The Casework Relationship.* Loyola University Press. 尾崎新・福田俊子・原田和幸（訳）『ケースワークの原則：援助関係を形成する技法』誠信書房、2006年
19) 小西聖子「トラウマのケア―治療者、支援者の二次的外傷性ストレスの視点から」『トラウマティック・ストレス』1、1-8、2003年
20) 梅田聡ら『共感：岩波講座コミュニケーションの認知科学第2巻』岩波書店、2014年
21) Rizzolatti, G. & Craighero, L.（2005）. Mirror neuron: a neurological approach to empathy. *Neurobiology of Human Values*, 107-123.
22) Siegel, D. J.（2010）. *The Mindful Therapist: A Clinician's Guide to Mindsight and Neural Integration.* Norton.
※図表5（66頁）はURL（http://www.atdynamics.co.uk/autogenic-dynamics/reflections-on-mindfulness-mindsight/）のC3: Resonance Circuits, Mirror Neurones, and Mindfulness より翻訳・引用。
23) Germer, C. K.（2013）. Mindfulness: What is it？ What does it matter？ In C. K. Germer, R. D. Siegel & P. R. Fulton（Eds.）, *Mindfulness and Psychotherapy 2nd Edition*（pp. 3-35）. Guilford.
24) Kramer, G., Meleo-Meyer, F. & Turner, M. L.（2008）. Cultivating mindfulness in relationship: Insight dialogue and the interpersonal mindfulness program. In S. F. Hick & T. Bien（Eds.）, *Mindfulness and the Therapeutic Relationship*（pp. 195-214）. Guilford.

04　コンパッション　〜慈しみの覚醒

25) Siegel, R. D. & Germer, C. K.（2012）. Wisdom and compassion: Two wings of a bird. In C. K. Germer & R. D. Siegel（Eds.）, *Wisdom and Compassion in Psychotherapy: Deepening Mindfulness in Clinical Practice*（pp. 7-34）. Guilford.
26) Sato, N., et al.（2015）. Rats demonstrate helping behavior toward a soaked conspecific. *Animal Cognition*, DOI: 10.1007/s10071-015-0872-2.
27) De Waal, F. & Waal, F. B.（2013）. *The Bonobo and the Atheist: In Search*

of Humanism among the Primates. WW Norton & Company. 柴田裕之（訳）『道徳性の起源：ボノボが教えてくれること』紀伊國屋書店、2014年

28) 池埜聡「マインドフルネスと援助関係」貝谷久宣・熊野宏昭・越川房子編著『マインドフルネス：基礎と実践』（115-128頁）日本評論社、2016年

29) Klimecki, O. M., Leiberg, S., Ricard, M. & Singer, T. (2013). Differential pattern of functional brain plasticity after compassion and empathy training. *Social Cognitive and Affective Neuroscience*, 9 (6), 873-879.

30) Ricard, M., Lutz, A. & Davidson, R. J. (2014). Mind of the Meditator. *Scientific American*, 311 (5), 38-45. 日経サイエンス編集部（訳）「瞑想の脳科学」『日経サイエンス』2015年1月号（37-43頁）.

31) Neff, K. D. (2011). *Self-Compassion: Stop Beating Yourself Up and Leave Insecurity Behind*. William Morrow. 石村郁夫・樫村正美（監訳）『セルフ・コンパッション：あるがままの自分を受け入れる』金剛出版、2014年

32) Smalley, S. L. & Winston, D. (2010). *Fully Present: The Science, Art, and Practice of Mindfulness*. Da Capo Press (pp.204-206). 本間生夫・下山晴彦・中野美奈・政岡ゆり（訳）『マインドフルネスのすべて：「今この瞬間」への気づき』丸善出版（210-211頁）、2016年

05 脳を整え、注意力を高める

33) Smalley, S. L. & Winston, D. (2010). *Fully Present: The Science, Art, and Practice of Mindfulness*. Da Capo Press (pp.164-165, 167-168). 本間生夫・下山晴彦・中野美奈・政岡ゆり（訳）『マインドフルネスのすべて：「今この瞬間」への気づき』丸善出版（165-166、169-171頁）、2016年

34) Ricard, M., Lutz, A. & Davidson, R. J. (2014). Mind of the Meditator. *Scientific American*, 311 (5), 38-45. 日経サイエンス編集部（訳）(2015)「瞑想の脳科学」『日経サイエンス』2015年1月号（37-43頁）.

35) Raichle, M. E., MacLeod, A. M., Snyder, A. Z., Powers, W. J., Gusnard, D. A. & Shulman, G. L. (2001). A default mode of brain function. *Proceedings of the National Academy of Sciences*, 98 (2), 676-682.

36) Pankow, A., Deserno, L., Walter, M., Fydrich, T., Bermpohl, F.,

Schlagenhauf, F. & Heinz, A. (2015). Reduced default mode network connectivity in schizophrenia patients. *Schizophrenia Research*, 165 (1), 90-93.

37) Washington, S. D., Gordon, E. M., Brar, J., Warburton, S., Sawyer, A. T., Wolfe, A. & Gaillard, W. D. (2014). Dysmaturation of the default mode network in autism. *Human Brain Mapping*, 35 (4), 1284-1296.

38) 大谷彰『マインドフルネス入門講義』金剛出版、2013年

39) Doll, A., Hölzel, B. K., Boucard, C. C., Wohlschläger, A. M. & Sorg, C. (2015). Mindfulness is associated with intrinsic functional connectivity between default mode and salience networks. *Frontiers in Human Neuroscience*, 9.

第 3 章

マインドフルネスを
福祉の現場でいかす

01 介護職を支える

「感情労働」としての介護

　ここでは、高齢者福祉や障害者福祉領域における介護職の働く環境に照らし合わせて、マインドフルネスはどのような支えになり得るのかについて考えてみたいと思います。

　介護職の就労状況はやさしいものではなく、どちらかというとネガティブな情報が社会に入り乱れていることはもうお気づきのことでしょう。低い賃金体系、高い離職率、重い身体的負担、不安定な就業時間、多くの非正規雇用、そして慢性的な人手不足。

　加えて介護職にのしかかる負担は、種々の人間関係から派生する「**感情労働**」にあるといわれています。感情労働とは、社会学者のA. R. ホックシールドが提唱した概念で、「相手に感謝や安心などポジティブな感情をもってもらえるように、自分の表情や身体的な表現、そして感情をうまく管理すること」と説明されます[1]。感情労働では、自分の思いや感情を抑圧したり、逆に演技として誘発したりしながら相手との関係を構築していくことにエネルギーを費やさなければなりません[2]。その負荷は小さくなく、精神的なストレスと隣り合わせとなります。

　介護職の場合、利用者、利用者家族、同僚、上司、他職種などとの異なるタイプの感情労働が錯綜（さくそう）します。国際基督教大学（ICU）元教授・田中かず子氏の言葉を借りれば、「介護職の仕事場は、豊かな感情が大量にやり取りされるような生活の場」[2]であるといえます。さらに、「**ケア・ハラスメント**」と呼ばれる利用者や利用者家族から受ける暴言や暴力、そして介護保険制度に定められた業務や契約範囲を超えたサービスの依頼も容赦ありません[3]。

感情労働に従事する一方で、「弱き立場にある人の支え」という福祉的価値のもと、弱音を吐くことに躊躇せざるを得ない社会的な圧力が介護職におおいかぶさります。多忙極まる現場での閉塞した人間関係も相まって、介護職の感情労働の重荷は行き場を失い、自ら背負い続けるしかなくなってしまう現状があります。

　この状況は、常に利用者や職場の人間関係のことが頭から離れないという負担感、自分一人がしんどい思いをしているのではないかという被害感、そして利用者や同僚などに対してネガティブな考えや感情をもってしまうことに対する罪悪感にとらわれてしまうリスクを介護職のなかに生じさせてしまいます[4]。

のびやかな介護職の三つの特徴

　低賃金、感情労働、そして閉塞感。ずいぶん否定的な側面から介護職を描いてしまいました。これら困難を伴う状況は、介護職の一つの側面であり、すべてを物語っているのではない、という点を忘れてはなりません。

　糠谷和弘氏は、企業コンサルタントの立場から介護現場が息づき、実りあるサービスを展開して利用者に、そして介護職にとって満足度の高い施設の取り組みを取材しました[5,6]。そして、地域で評判が高く、利用者が多く集まる介護施設を全国から選び、35の事例の描写に成功しています。実例を通して介護職のやりがいや喜びに光を当てた数少ない試みとなっています。

　登場する各施設や事業所の取り組みを丹念に読み、実践内容を要約して書き出してみました。すると、それぞれの事例に共通する三

つの特徴が浮かび上がってきました。それらは**1）プロ意識の追求、2）創意工夫を楽しむ自由さ、そして3）地域とつながるオープンネス**として表されます。

　「プロ意識の追求」とは、弱い立場にある利用者を助けたい、という思いが先行してしまうことで意識が薄れがちな介護の専門性を高めようとする意気込みを表します。それは、介護技術の練達や最新の科学情報の取り入れなどが含まれます。糠谷氏の取材では、リハビリテーション、デイサービス、宿泊など利用者のニーズに合わせた複数の専門店のような事業展開や介護専門技術の研修システムの設置と習熟度に合わせた施設独自の資格制度、といった実例が描写されています。

　「創意工夫を楽しむ自由さ」とは、ルーティンに縛られず、介護職の思いつきや自由な発想を施設全体が取り込み、楽しさや面白さに根ざしたサービスを創造していく力を意味します。実例として、介護スタッフが浴衣で出迎え、さながら温泉旅行を体験できるバーチャルツアー付きデイサービスや「利用者主体から利用者主役に」を合言葉にプログラムを利用者の手で運営できるようなしくみなどが取り上げられています。

　「地域とつながるオープンネス」は、施設や機関を取り巻く地域との有機的なつながりを積極的に築こうとする介護職の姿勢です。商店街の空き店舗を利用したリハビリセンターの設置や住民と一緒にゴミ屋敷問題に対処することで生まれる地域との新たな信頼関係の構築、といったユニークな取り組み。地域との垣根をなくし、利用者、介護職、スタッフ、地域の人々すべての幸福を追求しようとする介護職の姿が紹介されています。

第 3 章　マインドフルネスを福祉の現場でいかす

　紹介された35の施設や事業所は、それぞれの全体像が描かれているわけではなく、介護の理想型として安易に受け取るべきではないでしょう。また、成功していると思われるサービスや取り組みの背景には、その施設が乗り越えてきた多くの困難とスタッフの並々ならぬ努力があったことも忘れてはならないでしょう。それらの点を考慮しても、糠谷氏によって紹介された躍動する介護現場の取り組みからは、介護職にまつわるネガティブなイメージや閉塞感に風穴をあける示唆や工夫を読み取ることができます。

<図表7 マインドフルネスと息づく介護の3要因>

息づく介護を支えるマインドフルネス

　介護職の負担感や閉塞感に風穴をあけ、のびやかな介護を実現する三つの方向性、「プロ意識の追求」「創意工夫を楽しむ自由さ」そして「地域とつながるオープンネス」は、マインドフルネスによって促進できる可能性があります（図表7参照）。以下、三つの特徴をマインドフルネスのメカニズムに照らし合わせて、息づく介護をもたらすマインドフルネスの有効性について説明していきます。

① 「プロ意識の追求」を支えるマインドフルネス

　「プロ意識の追求」は、マインドフルネスによる認知的な作用の一つ、「脱中心化」と連動していきます。世界で活躍するスポーツ選手を想像してみてください。例えばソチオリンピック、フィギュア・スケートの男子シングル金メダリスト、羽生結弦選手は、自分

の練習や演技の録画を何度も再生し、ミリ単位で身体の動きを改善していくといいます。コーチの存在は欠かせません。コーチは、客観的な視点から演技のアドバイスをしていきます。

「ちょっと待てよ、これでいいのだろうか」。コーチの視点も織り交ぜ、ともに立ち止まり、客観的に見つめ、変化していく。トップクラスの選手は、「集中⇔脱中心化」のサイクルを延々と繰り返していくのです。

介護職の場合、**通常行われている一連の介護やサービスから一歩離れて「鳥の目」をもち、介護行動とその文脈を俯瞰することで改善点が見えてきます**。日頃の慣れや仕事への没入感から一歩外に出て、介護を見つめる脱中心化のサイクルによって技術が磨かれ、専門職としての自負が芽生えてくると考えられます。

② 「創意工夫を楽しむ自由さ」をはぐくむマインドフルネス

「創意工夫を楽しむ自由さ」は、創造性を耕すマインドフルネスの効果と連動することが期待されます（第1章04「創造性を高めよう」参照）。日頃の慣れによって介護にやりがいや新鮮さを見失いがちになると、感情が平坦になり、負担感や被害感、さらには罪悪感を抱くことになりかねません。ナース・コールが疎ましく感じられ、利用者との接触を避けるようになってしまいます。

マインドフルネスによる今、この瞬間への気づきは、「介護の自動操縦ボタン」を「オフ」にします。マインドフルネスを通じて、仕事の負担感や利用者への否定的な感情を身体感覚のレベルで気づき、あるがままに受け入れ、そして手放していく。自動操縦状態でつい怒ったり、不機嫌になってしまったりしたことへの後悔がなくなり、自己否定感が和らいでいきます。そして、**こころの余裕が芽**

生えるところに何か新しいものを取り入れようとする選択が生まれ、創造性の種がまかれることになります。

「そうか、ここはご本人に頼ってみてもいいかも」「ちょっと相談してみようか」。ついやりすぎて利用者の自立を阻(はば)んでしまっている介護のあり方や一人で抱え込んでしまう仕事のスタイルへの気づきは変化への起点となり、創意工夫を呼び込んできます。

③ 「地域とつながるオープンネス」を促進するマインドフルネス

「地域とつながるオープンネス」は、介護職がマインドフルネス瞑想を取り入れることで深化していく可能性があります。マインドフルネスのプラクティスを通じて、思考、感情、情動、そして身体感覚は、人との交わりや出来事との遭遇によって絶え間なく移り変わっていき、意図的に制御することは容易ではないことを実感させてくれます。**刻々と変容していく自分やまわりの様子をあるがままに見つめる態度は、偏狭さやこだわりを緩め、こころのオープンネスと寛容さを育てていきます。**

「介護はこうあるべき」といった「べき論」、そして施設運営のしくみや慣習化されたルールへのとらわれが緩むことで、これまでの固定化された施設と地域との関係を見直す余裕が生まれやすくなります。その結果、地域とのつながりを受け入れ、耕していこうとする気運が高まることが期待されます。

さらに、マインドフルネスによるコンパッションの涵養(かんよう)は、利用者や同僚のみならず、地域との信頼関係を構築するためのこころの土台となることでしょう。たった3分間の呼吸瞑想でも、注意はさまよい、呼吸に意識を向け続けることは容易ではありません。このようなマインドフルネス瞑想の体験を続けていくと、「自分は自分

のもの」という観念が薄まり、からだの中から湧き起こるような感覚で人々や万物との共生感を感受できるようになってきます。「地域とつなぐ」ではなく、「地域とつながっている」という感覚の醸成。マインドフルネスは、地域に対して気負うことなく、自然体で協働できる心身を支えることができるのです。

> **こんなときはどうするの？**
>
> **「無」になれた？**
> 呼吸瞑想の際、呼吸への注意が持続し、「無」になったような気持ちよさを感じることがあります。しかし、そういう状態を目指すことがマインドフルネスの目的ではありません。気持ちよさを期待してしまうと、一喜一憂してストレスになってしまいます。「無」になってもならなくても、「今」への気づきを耕していきましょう。

> 5分でできるプラクティス⑩

介護職を支える
マインドフルネス

　本書で紹介するマインドフルネスのプラクティスはすべて、介護職にとってストレスを緩和し、余裕をもって仕事に臨める心身の維持に役立ちます。ここでは、介護現場で活用できるマインドフルネスの実践方法をいくつかご紹介します[7)][8)]。

① マインドフルな介護ルーティン

　アメリカでマインドフルネスのトレーニングを受けていたとき、師匠のD. ウィンストン氏から独自に編み出したプラクティス、「抱っこのマインドフルネス」を教えてもらいました。

　「子どもを抱き上げるときがマインドフルネスを耕す絶好の機会。両手を子どもの脇に入れたときの手の感覚、腰をかがめたときの足の筋肉の変化、抱き上げようとしたときに感じる腰の緊張、腕にかかる重み、子どもの匂い、からだから伝わる温かさ、視線の移り変わり、湧き起こる感情……。すべてが気づきの対象になります」。当時、私は「抱っこのマインドフルネス」が習慣化し、今でも娘の抱っこを身体感覚として鮮明に記憶しています（娘はもうすでに大きくなってこのプラクティスはできなくなりましたが……）。

　多忙な介護現場では、毎日一定の時間をマインドフルネスのプラクティスにあてることは容易ではないでしょう。日々の活動を応用した独自のマインドフルネス方法を楽しむつもりで編み出してほし

いと思います（第1章04「創造性を高めよう」参照）。

　介護の仕事でルーティン化している動きを一つ決めて、そのときは身体感覚や雑念に気づくようにすると、介護の自動操縦ボタンが一瞬でもオフになります。何かを持つ、つかむ、押す、引く、触れる、支える、かがむ、移動する、見る、聴く、味わう、匂う……。介護に伴う五感を通じた身体感覚、こころの中をめぐる考えや思い。

　「このときは必ず〇〇に気づくようにする」というちょっとした自分だけのルールを作ってみてください。そして、今、この瞬間、自分の決めた気づきが達成されたならば、やさしく、そして温かく一呼吸を入れて、「今に戻れたね。よくがんばっているね」「自分を取り戻したね」とこころの中で自分に声かけをしてあげてください。

② **マインドフルな休止**

　「早く！」「急ぎましょう！」「次はこれね！」。施設内のめまぐるしい介護やプログラムの連続。1日の中で、スケジュールの流れを意図的にストップしてこころの静寂をもつことはできるでしょうか。1分程度、それが難しければほんの数秒でもかまいません。

　マインドフルネスの世界的牽引者、ティク・ナット・ハンが主宰するマインドフルネスのリトリート（日常を離れ、マインドフルネスを集中して耕す宿泊型のプログラム）の拠点、フランス・パリ郊外に位置する「プラム・ヴィレッジ」では、食事中やルーティンの途中、鐘の音を合図に参加者は動かしていた手を休め、静かに呼吸や身体感覚に気づく時間をもちます。タイマーなどを活用して、自動操縦になりがちな施設での仕事にマインドフルな時間を取り入れてみてはいかがでしょうか。

③ マインドフルなスローダウン

　利用者の安全と安心、そして業務に支障がないという前提で、ほんの少し、介護の流れをスローダウンしてみましょう。利用者への直接的な支援、またそれ以外のルーティン化された作業などを意図的にスローダウンすることは、マインドフルネスの耕しに直結します。少しゆっくりペースを落とすだけで、作業の一瞬一瞬に注意を向けることができます。そして、自分のストレス状態や利用者への錯綜(さくそう)する思いからスペースを空けることが可能となります。

　また、ほんの少し、利用者にとって不利益にならない範囲で介護の手順を変えてみるのもマインドフルな介護への転換となります。ボタンをかける順番を変えてみる、食事介助の際に食べ物のとり方を変えてみる、タオルのたたみ方の順番を変えてみるなど、利用者には気づかれないようなちょっとした変化をつけてみます。

　1日のうち、どのような作業を意図的にゆっくり行うことができたか、またマインドフルな変化をつけたか、メモ程度でいいですので日々のスケジュール帳に記していくのもこのプラクティスを持続していくために効果的です。

④ マインドフルなトイレ＆キッチン・タイム

　トイレやキッチンはマインドフルネスの練習に最適な場所の一つです。自分のため、または介護のためのトイレ・タイム、そしてあらゆる炊事の際、湧き起こる記憶（同僚から言われた一言、利用者とのやりとりなど）、考え（「なぜあのとき〜したのだろう……」「もし〜であったなら……」といった反芻(はんすう)思考など）、感情（不安、心配、怒り、自責感など）、そして身体感覚（肩や背中の緊張、動悸(どうき)、呼吸、表情など）をあるがままに気づいていく習慣をつけま

第3章　マインドフルネスを福祉の現場でいかす

しょう。
　それらに気づいて、再び排泄や炊事に伴う感覚（便意や尿意、匂い、水の温度、泡やスポンジの感触など）に注意を戻していきます。最後に、水が流れるところを意図的に見つめ、嫌な記憶や感情も水にゆだね、水とともに流し去る様子をイメージしてみます。そしてゆっくり自然な呼吸を数回して、今に戻れた自分をやさしく受けとめ、にっこり笑って仕事や日常に戻るようにしましょう。

COLUMN

仕事のとらえ方が変わる

　マインドフルネス経験から仕事に対する感じ方が変わったという福祉職の声が多数寄せられました。以下、3名の語りをご紹介します。介護に従事する方々にも、マインドフルネスによってもたらされる仕事への取り組み方の変化を感受してもらえたとしたら、これほど嬉しいことはありません。

- マインドフルネスをやって解き放たれるというか、その一瞬だけでも。すっと「あ、落ち着かな、落ち着かな」というか。意図的に呼吸に意識を向けますね。ここに空気通るのが分かるんです。鼻の奥、鼻腔のとこね。すると、焦ってた自分がふっとまた我に返って、じゃこれ先に片付けよかなと。やっぱり余裕が出てきてますね（50歳代女性・精神科ソーシャルワーカー）。

- マインドフルネスをやるようになってから、行って、止まって、行って、止まって。「何やってたんや、今日は」っていうよりは「あ、今日これやった」っていう感覚が出てきました。たとえば「あ、書類一つ仕上げた！」っていうのがあって、次、行こかっていうふうになれている感じ。仕事と仕事の間にちょっとだけスペースが空くので、達成感じゃないけど、"やった感"が1日振り返ったときにあって、整理がつく感じはありますね（40歳代女性・ケアマネジャー）。

- マインドフルネスの見方、気づく能力っていう視点ですね。そこが一番大きいかな。正直に見るっていうことです。自分のことを正直に。できていないことも正直な目で。できてないことに対する評価じゃなくて、じゃあどうすんのっていうことで、じゃあやろうかと。やってないのは気持ち悪いから、じゃあリスト書いてやろうかなと。多分正直に見るっていうところがマインドフルネスでできるようになったかなと。それも罪悪感とかを持たずに（30歳代男性・障害者福祉相談員）。

02 ワーク・ライフ・バランスを整える

積年の課題

　「ワーク・ライフ・バランス（Work Life Balance：WLB）」という言葉がよく聞かれるようになりました。「仕事と生活の調和」と訳されます。この言葉は、2007年12月に政府主導の「官民トップ会議」で「仕事と生活の調和憲章」が策定されたことを契機に、社会に浸透しました。

　内閣府は、WLBが実現した社会を「国民一人ひとりがやりがいや充実感を感じながら働き、仕事上の責任を果たすとともに、家庭や地域生活などにおいても、子育て期、中高年期といった人生の各段階に応じて多様な生き方が選択・実現できる社会」と定義しています[9]。

　しかし、WLB推進の施策は、決してうまくいっているとはいえません。厚生労働省による『過労死等防止対策白書（平成28年版）』によれば、フレックスタイム制の導入など仕事の仕方の工夫、長時間労働の見直し、育児休業や介護休業の保障などが推進される一方、一般労働者の総実労働時間は年2000時間を超え（2015年）、20年以上変わっていません[10]。これは、先進諸国の中で韓国に次いで突出した時間数です。

　福祉職の場合も、WLBを維持することは容易ではありません。多くはシフト制を余儀なくされ、夜勤、遅出、早出が繰り返されていきます。利用者の生活支援を担う福祉職は、日々危機対応も避けられません。増え続ける児童・高齢者虐待、健康状態の急変、緊急入院など利用者の危機に否応なく寄り添うことが求められます。福祉職には、物理的にも精神的にも仕事とプライベートのバランスをとることが難しい抜本的な問題が横たわっています。

WLB施策に欠けているもの

　WLBを目指した法整備や企業努力が進むなか、WLBがうまくいっているという実感が社会全体としてもてないのはなぜでしょう。WLBといえば、「プレミアム・フライデー」など就労時間の制限、柔軟な仕事のスケジュール設定、有給休暇の利用促進など雇用者側の努力が話題になりがちです。働く側の立場としては、いわゆる仕事と家庭の「切り替え」を促す行動、例えばメール・アドレスや携帯電話を仕事用と家庭用に分ける、家では仕事の話をしない、趣味やエクササイズなど余暇を充実させるといったストレス管理の視点からWLBが語られます。

　これらWLB充実に向けた方策のなかで見落とされているもの、**それは私たちの内的な世界、すなわち思考や感情からみたWLBの問題**です。

　イラストをご覧ください。休日のひと時、犬の散歩に出かけている情景です。休日らしい時間の過ごし方をしているとしても、こころの中はどうでしょう。吹き出しのように、こころの中は仕事のこと、そして過去の後悔や未来の不安でいっぱいになっています。これでは、いくら休日らしい時間の過ごし方を

していても、仕事のことが絶えずこころに侵入してきて切り離しができない状態に陥ります。

　行動としてはWLBが保たれていても、こころの中は仕事と家庭の境界がなくなっている状態です。**目に見えるような仕事と家庭の境界線だけではなく、目に見えないこころの中の境界線をいかに上手に構築できるか。**この点がWLBの議論に欠けているところなのです。

境界理論

　WLBを実現させるための拠（よ）り所となる理論として、組織心理学から生まれた「境界理論（boundary theory）」がよく引用されます[11]。この理論では、職場と家庭など二つの領域間の境界は心理的な側面を含み、連続性をもつものと仮定します。そして、境界が曖昧になればなるほど二つの領域の役割や責任がしょっちゅう行き来してプレッシャーとなり、ストレス状態に陥ると説明します。

　利用者のことを家でも考えてしまう、未処理の書類のことが気になってしまう、あの上司の一言が頭から離れない……。仕事に関連する事柄や記憶が否応なしに押し寄せ、プライベートな時間を楽しめない。一方、子どもの成績のこと、親の介護問題、月末の支払いなどの心配が仕事中に頭の中を駆け巡ってしまう……。こころの中では仕事と家庭の境界がなくなっている状態です。この切り離しができない限り、真のWLBの達成は難しくなってしまいます。

　2010年以降、マインドフルネスが適度な境界作りに貢献することが、実証研究からわかってきました。アメリカ、南フロリダ大学

のT. D. アレンとK. M. キバーツは、週に20時間以上働く131名へのアンケート調査から、日頃のマインドフルネス状態の高い人、すなわち今、この瞬間にこころを寄せ、「あること（being）モード」の状態で時を過ごす習慣がついている人ほど、効果的なWLBを実現しており、睡眠もうまくとれてバイタリティに富んでいるという傾向を見出しました[12]。

　ドイツのハイデルベルグ大学の研究チームは、3週間のオンラインによるマインドフルネス・プログラムを開発し、その受講の有無でWLBに差が出るかどうかを実験しました。ドイツ南部の都市からフルタイムで働く参加者を募集し、最終的にオンライン・プログラムの受講者96名と受講していない150名、計246名を比較対象にしました。そしてマインドフルネスの効果を測定したところ、プログラム受講者のほうが仕事と家庭との葛藤が緩和し、WLBがとれたことで生活の満足度が有意に好転したことがわかりました[13]。

WLBにマインドフルネスが注目される理由

　マインドフルネスがWLBを促進する理由は、T. D. アレンとE. L. パドックによる考察が参考になります。彼らは、その理由を四つに分けて説明しています[11]。

　第一に、マインドフルネスは、一つの事柄に持続的にかかわることのできる心身の状態を生み出し（第2章05「脳を整え、注意力を高める」参照）、**仕事と家庭それぞれの役割に集中できることで、互いの役割葛藤を抑える点があげられます。**

　「今、何をするべきか」について迷うことが少なくなるような感

覚をマインドフルネスは生み出します。結果として、**仕事の優先順位が自然に浮かび上がり、積み重なる責任に圧倒されることなくこころの余裕と冷静さを維持できる**と考えられます。

　第二に、いわゆる**反芻（はんすう）思考からの手放しをマインドフルネスは促進してくれる**ことがあげられます。休日の午後、「明日の家庭訪問、嫌だなぁ」「先週は○○さんに冷たく接してしまったなぁ」「腰が痛い……このまま介護の仕事を続けられるだろうか」といった仕事上の不安や後悔が自然に頭をよぎって憂うつになることはないでしょうか。

　マインドフルネスによるメタ認知の活性化、すなわちこころの自動操縦に気づき、とらわれない態度は、悩みの反芻思考を手放すはたらきをしてくれます。マインドフルネスの継続によって、**「不安だなぁ……」から「『不安だなぁ……』と感じている自分」**という意識をもてるようになり、不安の中に埋没しない冷静さが芽生えてきます。この認識の仕方は、仕事と家庭との間の「こころの境界」となり、感情的なアップ・ダウンの幅が小さくなることが期待されます。

　第三として、仕事と家庭それぞれの役割にきちんと向き合うことのできるマインドフルな状態は、**仕事仲間や家族から信頼を得る土壌**を耕します。信頼感は孤独を和らげ、仕事・家庭それぞれの立場

で自分の存在感を高めます。マインドフルネスによって深められるコンパッションやセルフ・コンパッションも人との感情のやり取りをスムーズにし、信頼を深める相乗効果をもたらすことでしょう。望ましい人間関係によって、必要とする資源へのアクセス回路が豊富となり、やりがいや満足感が増すことになります。

最後に、マインドフルネスは**時間の感覚を変化させる**ことがあげられます。アレンらは一連の実験研究をレビューし、マインドフルネスのトレーニングによって、今、この瞬間に注意を向ける習慣をもつ人は、そうでない人に比べて時間的余裕を感じやすい傾向を指摘しています。また、今、この瞬間に意識を向けると時間の流れが緩やかに感じることや、意識的にゆっくり呼吸をする機会を何度かもつだけで1日が長く感じられることも研究からわかってきました。

マインドフルネスは、時間の流れを感覚的にスローダウンさせ、切迫感の緩和を通じて「今」に集中しやすい心身を耕します。その結果、仕事と家庭の柔軟な境界を築き、バランスをとることが可能になると考えられます。

こんなときはどうするの？

子どもと一緒に

アメリカではマインドフルネスを取り入れる学校が増えています。お子さんがいらっしゃったら、ぜひご一緒にマインドフルネスを。小さな子どもはじっと座ることが苦手かもしれません。背中に手で文字を書いて内容を当て合いっこする、一緒にゆっくり柔軟体操をする、背中や肩をゆっくりさすり合いっこする、といったアクティビティによるマインドフルネスを試してみましょう[14]。

> 5分でできるプラクティス⑪

WLBのための
マインドフルネス

　休日に家で過ごしている際、仕事のことがふいに気になり、そこから離れられない。仕事中にプライベートのことが気になって仕事に集中できない。いずれかの場面を想定してみます。以下のプラクティスは、時間をかけてもいいですし、短時間で行うこともできます。状況に応じて、使い分けてみてください。

❶こころに侵入してきた考えや思い、あるいは感情を否定したり気をそらしたりせず、意識的に一呼吸してみましょう。もし何度か呼吸をしたい場合は、吸うことよりも吐くことを少し意識して自然な呼吸をしてみます。この行為だけで、気になる考えや思いによる自動操縦を食い止めることができます。

❷からだの感覚に注意を向けてみます。多少なりとも緊張を感じている可能性がありますから、顔、肩、胸などの感覚に意識を向けてみるといいでしょう。頭から足へ、あるいは足から頭へとボディスキャンをする方法もあります。時間をかける必要はありません。短時間にさっとからだに注意を向けていきます。

❸気になる事柄について考えてみます。どこからやってきたのか。どれくらい重要なものか。今対処すべきことかどうか。もし人間関係のことであれば、相手の立場から見えてくる情景を思い起こしてみます。身体感覚に変化が生じるようであれば、その部分に

意識を向けて呼吸とともにその部分の様子をしばらく観察してみます。手でその部分をやさしくさすってあげてもいいでしょう。

❹応答の仕方を考えてみます。この時点で、気になることへの自動操縦は消え去り、落ち着いて応答できる準備が整っているはずです。最も適切な応答について考えをめぐらせて、行動に移していきましょう。

「仕事とプライベートのバランスをとりたい」「今の混沌とした状態にもう少しうまく対処したい」と感じている方は、このマインドフルネス・プラクティスを取り入れ、WLBのある充実した日々のためにお役立てください。

COLUMN

後回しにしない

　マインドフルネスは、WLBを整えるために仕事を後回しにしない姿勢を育てる可能性が、マインドフルネス講座の参加者の語りから読み取れました。「明日やろう」から「今でしょ」という気持ちの変化です。

　以下の語りは、30歳代男性の後見人制度を推進するソーシャルワーカーによるものです。

- 記録なんかためてしまって後回しにしたり、自分で計算して時間作って、「この時間は空くだろうからそのときにやろう」なんて思うんですけど、だいたいその時間は埋まっていくんですね。相談の電話が入ったりして。マインドフルネスの講座を受けてから結構そういうことがぱっと気づくようになって。今、ちょっと時間があると思ったら焦らずに取り組めるというか。「今」への切り替えですね。それが負担にならないというか。リセットできるというか。

　家に戻っても仕事のことが頭から離れないと悩んでいた地域福祉センターの相談職として働く40歳代女性ソーシャルワーカーは、次の語りにあるように、マインドフルネスを通じて大きな変化を感じていました。

- いつも本当に何をしても駄目で、仕事のことが頭から離れませんでした。それが夜寝るまで続いてしまって、朝起きたときにも仕事の嫌なことを思い出すんです。それが最近、そういうことがなくなって。思い出して嫌な気持ちになってまたそこから一日が始まるのが、最近そんなふうに始まっていないんです。朝から何にもないわって、あるはずのものがないわって（笑）。

03 認知症とマインドフルネス① ～認知症当事者を支える

　認知症とその介護者への支援は、福祉現場の差し迫った課題となっています。マインドフルネスは認知症支援の一つの方法論として欧米を中心に実践例や研究成果が報告されるようになりました。本項と次項、２項にわたってマインドフルネスによる認知症当事者、そして家族介護者への支援の可能性について取り上げます。

二つの闘い*

　認知症の発症メカニズムや病態の研究が進むにつれ、認知症を患う人々は二つの闘いを強いられることがわかってきました[15]。

　一つ目は、認知力の低下との闘いです。**「小刻みな死」**。病の当事者であるC.ブライデン氏は、認知症状の苦しみをこう表現します[16]。認知症の当事者は、衰えていく認知機能に対して何も感じないわけではなく、むしろ痛烈な不安と焦燥感を抱きます。中度から重度の認知症高齢者が「物忘れがつらい」「自分が情けない」といった感情を吐露したり手記に綴ったりすることも珍しくありません。

　二つ目は、孤立との闘いです。自分の物忘れや失敗によってまわりは苛立ち、まるで邪魔者になってしまったような感覚を抱く認知症高齢者は少なくありません。叱られても「なぜ自分が失敗するのか」その理由がわからないので言い返せず、落ち込み、孤立感を深めてしまいます。

　一方、認知症高齢者は、低下する認知機能を補うように**感情や感覚が豊かになっていく**こともわかってきました。まわりの人々の態度、表情、雰囲気を鋭敏に察知し、自分の置かれた立場を感じ取っ

ています。症状の進行を憂い、苦しみ、まわりから疎外されていく痛みを感受するこころは、認知症を患う高齢者自身の内にきちんと備わっています（図表8参照）。

認知症臨床に長年取り組んできた精神科医の小澤勲氏らは、次のように記しています[15]。

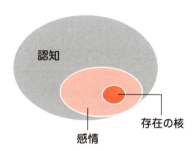

<図表8　認知・感情・存在の核>

「彼らはある意味、情動的には極めて鋭敏に、正しく受けとめているのです。認知的には個々のつまずきのエピソードに対して自分の責任ととらえることができず、一見、恬淡とした態度を示して周囲をいらだたせた彼らも、周囲の態度（非難、無視、受容……）という回路を通して、自分の置かれた位置が見えてくるのです」。

小澤氏は、いい・悪いといった判断や責任の概念を認識する機能は低下しているため、場にそぐわない反応や時には暴言や徘徊といった問題行動が起きることもありますが、それら問題行動も認知症高齢者にとってはすべて意味があり、その人なりの適応行動として解釈できると述べています。

「旦那や息子が怒る。だから私は家出する」。認知症高齢者の徘徊にも意味があります。信頼に満ちた援助関係を通じて、徘徊の理由をやっとの思いで吐露する高齢者の姿は福祉現場で見られる光景です。記憶が瓦解していく苦悩とまわりから理解されない孤立感が交錯する悲しみの表情は、日々、福祉職・介護職にとって心揺さぶられる瞬間となることでしょう。

過去と未来の狭間(はざま)で

　そうはいっても、家族にとっては、変わりゆく肉親の現実を簡単には受け入れられません。泣き、笑い、喜び、慰め合い——元気であったときの姿を今に重ね、違いに苦しみ、その違いを少しでも埋めようと叱咤激励(しったげきれい)してしまいます。

　「なんでそんなこと忘れるの！」。晩年、認知症となった父に私がよく発していた言葉です。先に逝った母の名前を思い出せない父を目の前に、怒りとやるせなさで部屋を飛び出してしまったことを今でも覚えています。

　「姿はあれどもこころが見えなくなっていく」状態を、アメリカ・ミネソタ大学教授P. ボスは **「あいまいな喪失（ambiguous loss）」** と呼びました[17]。あいまいさは、過去の面影を手繰り寄せながらも、「回復への期待」と「悪化への不安」の狭間に家族を追いやります。そして、容赦なき怒り、落胆、悲嘆、そして罪悪感などの感情の波で家族を疲弊させます。ちょっとした高齢者の言動に過敏になり、感情のコントロールがきかず、怒っては後悔してしまう——家族のやるせなさを生み出し、出口の見えない苦悩を家族に突きつけます。

"今"をともにするマインドフルネス

　マインドフルネスは、認知症高齢者の「二つの闘い」を緩め、家族に安心感をもたらす方法として期待されています。

まず、マインドフルネスには認知力低下を遅らせる可能性があります。2014年、スペインのH. D. J. クインタナらは、161名の早期アルツハイマー型認知症の高齢者に、マインドフルネスにもとづくプログラムを2年にわたって実施しました[18]。同期間に通常の治療を受けた同じ症状をもつグループと比較したところ、記憶力や判断力など認知機能の低下が有意に抑えられました。

　同じく2013年、アメリカ・ノースキャロライナ州の医師R. E. ウェルズらの研究グループは、中程度のアルツハイマー病を患う55～90歳までの14人に対して、1日15～20分の呼吸瞑想を8週間続けてもらい、fMRIによる脳スキャンを実施しました[19]。その結果、通常のケアを受けた患者グループよりも海馬の萎縮が抑制されたことを発見しました。

　海馬は、記憶の要となる脳部位です。記憶を一旦貯蔵し、捨て去る記憶と残す記憶に分別するはたらきを担います。持続的なマインドフルネスのトレーニングが海馬の容積を増大させ、機能を高めることは、成人を対象にした複数の脳科学研究によって明らかにされています[20]。マインドフルネスには、脳の可塑性（機能回復する力）を高め、認知症高齢者の不安や自信喪失の元となる認知・記憶力の減退を抑える効果が期待されるのです。

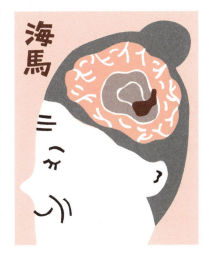

もう一つの闘い——認知症高齢者の「孤立」を防ぐために、マインドフルネスは、過去でもなく未来でもない、「今、この瞬間」への扉を開き、認知症高齢者と心通わす具体的な方法を提示してくれます。

　認知症高齢者は、過去の記憶や時間の概念が薄れゆくかわりに、今、この時に抱く感覚や感情がより鋭敏になっています。そのような高齢者に寄り添うためには、まわりの人々がいかに「今」を感受できるかどうかが問われます。「何かをする（doing）」ではなく、「今この時をともに味わう（being）」状態、まさにマインドフルネスによって耕される心身の状態です。マインドフルネスは、高齢者の失われゆく力を補う「介護」の立場のみならず、「今」をともにする「パートナーシップ」を育ててくれます。

　別の見方をすれば、認知症の方々は、微細な感覚を感じながら今を生きる**「マインドフルネスのエキスパート」**といえるのではないでしょうか。私たちが認知機能をはたらかすがゆえに見落とし、聴き損ね、感じきれないものを、認知症高齢者は豊かに感受し、幸福感を深める力を保持しているともいえます。

　まわりがマインドフルになればなるほど認知症高齢者との波長と調和し、互いの安心感が生まれることでしょう。そして、認知症高齢者の不安や抑うつなどの心理的反応や暴言や徘徊などの低減にもつながると考えられます。

* 「二つの闘い」は、足立里江・池埜聡「援助関係の軌跡：クライアントとの間にあるもの」『ケアマネジャー』16（5）、76-78、中央法規出版、2014年を一部改変。

5分でできるプラクティス⑫
認知症高齢者と行う
マインドフルネス

　高齢者へのマインドフルネス・プログラムを開発してきたソーシャルワーカー、L. マクビーは、本書で紹介してきた呼吸瞑想、食べる瞑想、ボディスキャンなどのプラクティスは、基本的には認知症高齢者にも適用できると述べています[21]。もちろん症状や能力に見合った工夫は必要ですが、「認知症だからできない」と決めつけるのは間違いだと主張します。

　以下のプラクティスは、L. マクビーによるマインドフルネスを用いた代替医療モデルにもとづいています。それぞれ状況に合わせて柔軟に認知症高齢者と過ごす時間に取り入れてみてください。

　安全は何よりも優先されます。プラクティスの導入にあたって不安がある場合は、医師や専門家の指示を仰いでください。

❶まわりの環境に気づいていきましょう。高齢者の立場に立つと、光、音、匂い、温度、湿度、人の数、スペース、接触などにおいて刺激が強すぎないでしょうか。反対に刺激が少なすぎることはないでしょうか。今にこころを寄せ、ゆっくり呼吸をしながら、まわりの状況を感じてみましょう。

❷高齢者の横に「ゆったり」と座りましょう。アメリカの研究ですが、患者にとって目線を同じ高さで合わせ、横に座って話してくれた医師は、そうでない医師に比べて40％も長く診てもらった

と感じるそうです。視線の高さをできるだけ合わせ、リラックスして寄り添うように座る時間をもちましょう。最初は1分間から。それだけで高齢者の安心が増していく可能性があります。

❸一緒に同じ呼吸をしましょう。吸って……吐いて……。こちらからリードしてもいいですし、高齢者のペースに自然に合わせていってもいいでしょう。息の出入りを1回として一緒に数えてもかまいません。最初は深い呼吸1回から始め、高齢者が落ち着くようであれば回数を増やしてみてもいいでしょう。一呼吸ごとに不安や怒りを解放していきます。

❹静寂をともにしてみましょう。まわりの音、静けさに身をゆだねます。お互いに好きな音や音楽に耳を傾けるのもマインドフルな時間となります。

❺手にやさしく触れます（mindful touch）。エッセンシャル・オイルを使ったハンド・マッサージも有効です（肌に合うかどうかは必ず事前にご確認ください）。高齢者に心地よさや感触を尋ねな

がらゆっくり、ソフトに触れていきます。互いに呼吸を感じながら感触に注意を向けていきます。

❻もし歩くことが可能であれば、一緒に「歩く瞑想」をしてみましょう。転倒しないようにからだを支え、呼吸を合わせたり、歩調を合わせたりしながら、ゆっくり一歩一歩を味わいます。自分の足の感覚や相手のからだの状態を感じつつ、一歩ごとに憂いや心配を解き放っていきます。

❼アロマも有効です。強い芳香にならないように気をつけて、高齢者が好きな香り、あるいは慣れ親しんでいる香りをともに味わう時間をもちます。

❽食事も可能であれば一緒に、高齢者のペースで食べてみましょう。ペースが遅い場合は、「食べる瞑想」を取り入れながらゆっくり一口ずつ……。とても素晴らしいマインドフルネスのプラクティスになります。もし食事介助が必要な場合は一度、他の家族か友人に頼んで「食べさせてもらう」経験をしてみます。マインドフルな食事介助とはどのようなものか、感受することができるでしょう。

こんなときはどうするの❓

眠くなってしまうとき
残念ながら、寝てしまうとマインドフルネスの耕しにはなりません（気持ちはいいのですが）。目が覚めている時間帯を選びましょう。瞑想中、眠くなったら目を開けてもかまいません。また途中で立ち上がって歩く瞑想に変えても大丈夫。あるいは「眠さ」をからだのどこで感じているか、ゆっくり探ってみましょう。眠気が和らぐかもしれません。

COLUMN

認知症高齢者の手を握って

　ここでは、安全性に配慮しながらもマインドフルネスは認知症支援にも開かれた方法になり得ることを示しました。

　次の経験は、独立型社会福祉事務所を切り盛りする50歳代の女性福祉職によるものです。ある日、彼女は、後見人となった特別養護老人ホーム入居中の認知症高齢者が興奮して手がつけられないため、施設スタッフから来所の要請を受けました。喚（わめ）き立てる高齢者を腕組みしながら見下ろす施設職員2人の高圧的態度に、彼女は高齢者の尊厳が侵されていると思い、怒りを覚えたといいます。しかし、湧き起こる怒りを呼吸とともに手放し、何も語らず高齢者の横にしゃがんで手を握り、目を閉じ、自らボディスキャンを始めました。

・手を握って瞑想を始めたのは、考えて、というより、とっさの判断でした。もうどれくらいだったかも分からないんですけど、すごく長い時間のように思えて。1分あるかないかかもしれないんですけど、その方、それですごく落ち着いたんですね。そこで初めて私、余裕ができて、「すいません、2人で話させてください」って職員2人に言って。そして、また落ち着いて「やっぱりこの方ももう年齢的に85歳になられて、高圧的に言われるっていうのに慣れてらっしゃらない生き方を何年もされてたと思うので、今ちょっと2人で話したいと思うんです」って2人に言って。それで、出ていっていただきました。その後、ご本人と今後のことについてとても冷静にいい話ができたんです。

　職員の高圧的な態度、そして高齢者の興奮状態に直面しても自動操縦的に反応せず、手を握り、何も語らずボディスキャンをしながら高齢者の怒りを呼吸とともに「流そう」とした対応は、「マインドフルネスのおかげ」と彼女は振り返ります。

04 認知症とマインドフルネス② 〜家族介護者を支える

相反する思い

　福祉現場において、認知症事例では本人のみならず、その家族の苦悩も引き受けなければなりません。ともにタッグを組んで実りある支援を実現するために、家族支援にこころを砕く現場の福祉職とマインドフルネスの可能性を共有したいと思います。

　前項では、肉親が認知症になるつらさを「あいまいな喪失——姿はあれどこころが見えなくなっていく状態」[22)]と表しました。曖昧さは、相入れない感情を家族に抱かせます。理不尽さへの怒り⇔怒ったことへの罪悪感。助けてほしい⇔家族のことだから弱音は吐けない。少しでも良くなってほしい⇔この苦しみを終わらせてほしい……。両価性（アンビバレンス）を伴う感情の起伏は、家族を疲弊困憊させます。

　社会は、必ずしも温かく家族介護者を迎え入れているわけではありません。**小刻みに家族が奪われていく**喪失体験への無理解、「家族なのだから介護は当たり前」といった規範の押しつけ、そして認知症介護にかかわる情報不足といった社会との不調和は、家族の苦悩を増幅させます。時折マスメディアを通じて流れる介護職による施設内虐待の報道は、家族に新たな不安、そして肉親を入所させたことへの後悔の念を突きつけます。

　深まりゆく喪失と悲嘆、その

一方で怒りと悔恨(かいこん)の繰り返し。家族のこころに生じる荒波はまわりの人々に理解されにくく、自分の心情を語ろうという気力を家族から奪っていきます。認知症事例の支援プロセスにおいて、強いストレスを抱えながらも自分のことは語らず、介護に明け暮れる家族の姿に心痛める機会も多いと思います。

"否認"の危うさ

「語れない状況」は、家族を「否認（denial）」という無意識のこころの動きへといざないます[22]。「何かの間違いだ」。認知症の初期段階では、本人、家族ともに病の現実を否認することは珍しくありません。家族内で、現実を否定する人と受けとめようとする人との間で意見が対立し、葛藤状態に陥ることも少なくありません。

症状が進行していくと、日々深まりゆく喪失のつらさを避けるために、家族は自分自身を愛する人から遮断してしまうこともあります。「もう別の人」として認知症の家族を見なし、心情的な交流を「シャットアウト」してしまうのです。こころの扉を閉ざし、感情にふたをして、ただただ日々の営みに身をゆだねてしまいます。

否認のメカニズムは、圧倒されるような感情の波からの退避と、一時的な休息をもたらします。実際、日々変化する認知症状に向き合うために、家族は自分の心情を押し殺してでも行動せざるを得ない現実があります。しかし、**否認は感情を麻痺させ、自分が自分でないような感覚を生み出します。**やがては「ここに生きている」という実感を奪い、バーンアウト（燃え尽き症候群）やうつといった心身へのダメージにつながってしまいます。

"許し"を可能にするマインドフルネス

　認知症の家族介護者への支援は、**「入り交じる感情の波に翻弄されるのは当然のことであり、あなたのせいではない」**というメッセージを伝え続けていくことが肝要となります。そして、否認によって自分の感情を締め出さず、感情の起伏を迎え入れ、適切な距離を保つこと、自分を許すことができるように家族を支えることが求められます。

　「今、この瞬間に意図的に注意を向けることによって現れる気づき」。これまで紹介してきたすべてのマインドフルネスのプラクティスは、日々のつらさ、怒り、悲しみ、不安などの感情や身体感覚の移ろいを否定せず、あるがままに迎え入れる機会を家族に提供します。今、この瞬間の自分を客観的に俯瞰する経験は、否認のメカニズムを緩め、より自然な自分の姿の再構築につながっていきます。

　近年、マインドフルネスが認知症家族介護者のストレス低減や健康維持に有効であることを示す研究結果が報告されるようになりました。2012年に報告されたアメリカ・ミネソタ州、セント・トーマス大学社会福祉学部准教授のR. R. ホワイトバードらによる研究は、その代表的なものとなります[23]。彼らは、認知症の家族介護者78名を無作為に「8週間のマインドフルネスストレス低減法（MBSR）プログラム」（38名）と「標準的な介護者への教育プログラム」（40名）の参加者に分け、プログラム終了後にストレス度や健康度に差が生じるかどうかを検証しました。

　その結果、介護の負担感は、両グループとも援助の前後で変化は

見られませんでした。一方、ストレス度やうつ・不安といった精神的な健康度においては、マインドフルネス・グループのほうが有意に改善されたことがわかりました。著者らは、介護への負担度は変わらないものの、マインドフルネスによって認知症状への感情反応やストレスへのとらえ方が変化し、介護ストレスに支配されないこころの状態を築くことで、家族は精神的な健康を取り戻すことができたのではないかと推測しています。

　マインドフルネスは、今、この瞬間の呼吸や身体感覚に注意を向け、介護をめぐって自動的に生じる「何をやっても無駄だ」「自分の人生は惨めだ」といった「とらわれ」から、こころのスペースを保つ術(すべ)を教えてくれます[24]。マインドフルネスの耕しは、悲しみや怒り、悔恨などの感情に支配されず、認知症を患う家族の姿、そして自分自身の姿を客観的に見つめるきっかけを与えてくれます。そして、やがては認知症の肉親を許し、自分を許せる心情を芽生えさせることができるのです。

　次のプラクティス、「許しの瞑想」を取り入れることで、認知症介護に日々向き合う家族の無意識の否認パターンを緩め、安らぎを実現する福祉実践の展開にお役立てください。

第3章　マインドフルネスを福祉の現場でいかす

5分でできるプラクティス⑬
許しの瞑想

※音声ガイド "Meditation for Forgiveness" は、「本書の使い方」記載の URL からダウンロードできます。

　家族介護者の多くが経験する感情の揺れ、特に振り子のように現れては消える「怒りと後悔のスイング」を和らげるプラクティス――「許しの瞑想」をご紹介します。認知症を患う家族、そして自分自身への許しの感覚がこころとからだ全体に浸透し、否認で閉ざされたこころをほぐしていきます。認知症事例における家族支援のプランニングや実践のみならず、福祉職、介護職にある専門家自身のこころの平静さを保つために取り入れてみてください。

　第2章04「コンパッション〜慈しみの覚醒」でご紹介した「慈しみの瞑想」と同じく、「許しの瞑想」も「言葉によるマインドフルネス」です。特定のこころのあり方や考え方を押しつけるものではありません。次の言葉をただ繰り返し、こころにその言葉を抱いていきます。とらわれ感が緩み、「許し」の感覚がからだ全体に広がります。

❶ いすにゆったり座るか、仰向けで寝てみましょう。目を閉じてもいいですし、開けたままでも大丈夫です。リラックスして、呼吸を感じてみます。
❷ 気持ちが落ち着いてきたら、自分にとって安らげる場所をゆっくりこころにイメージしてみましょう。リラックスしていきます。
❸ それでは、あなたにとって、怒りを感じる人の姿をこころにイ

メージしてみます。

❹ ゆっくりとやさしくその人に語りかけましょう。「あなたが私を傷つけたこと、意識的であったにせよ、無意識であったにせよ、私を傷つけたあなたの考え、言葉、行為。私はあなたを許します」。何度かこころの中で語りかけてみます。

❺ その人があなたの胸のなかに静かに収まっていくのを感じてみます。無理やりではなく、あなたのペースで。ゆっくり、その人にこころの扉を開いていきます。もし身体感覚の変化や怒りの感情が生じたとしても抗わず、しばらく心身の移り変わりを眺めてみます。ゆったりと呼吸をしながら。

❻ 次に、あなたが「許してほしい」と思う相手をこころにイメージしてみます。そして、その人に語りかけます。「私があなたを傷つけたこと、私の考え、私の行為、私の言葉、あなたに許しを求めます。恐れや混乱から生じた私の言葉、許してください」。何度か繰り返してみます。

❼自分への怒りや罪悪感を再燃することなく、また、その人に許されることを拒絶せず、こころ柔らかに、許されていく自分を温かく包み込むように……。「あなたを傷つけたこと、私はあなたに許しを求めます」。

❽今度は、自分自身の姿をこころにイメージしていきます。自分の名前を呼び、自分に語りかけていきます。「恐れ、不安、そして混乱のなかで生じた私の考え、行為、そして言葉、それらで人（特定の相手）を傷つけてしまったこと、私は○○（自分）を許します」。何度かこころの中で自分に語りかけましょう。

❾ゆっくりと自分を傷つける思いや考えを解き放っていきます。こころに少しのスペースを設け、自分に語りかけてあげてください。「○○を許します」。

こんなときはどうするの❓

手足が重くなる

瞑想中に手足の重さや温かさを感じること自体はまったく問題ありません。リラックスすることがマインドフルネスの目的ではありませんが、あるがままにこころとからだの反応に気づく姿勢は結果的にリラックスを促し、からだの重さや温かさをもたらすことがあります。注意してほしいのは、からだの重さや温かさを伴うリラックスした状態を得ようと頑張ってしまわないことです。身体感覚はあくまでも気づきの対象であることを忘れずに。

COLUMN

家族介護者へのマインドフルネス研究から

　中国・吉林大学看護学部のG.リーらのグループは、家族介護者を対象にしたマインドフルネスストレス低減法（MBSR）研究（2015年2月まで）をすべて網羅し、最終的に14の研究を抽出してMBSRの効果を検証しました[25]。これらの研究の対象になっていたのは認知症、がん患者、子どもの発達障害や重度障害、臓器移植患者などの家族介護者でした。

　14の研究は、精密な実験計画によるものばかりではなかったものの、総じて家族介護者のストレス度、気分、抑うつ、不安、セルフ・コンパッション、そしてマインドフルネス状態などの要因で、MBSRはポジティブな変化をもたらしていました。

　MBSRは原則週1回2時間程度のクラスがあり、それを計8週間続けるプログラムとなります。呼吸瞑想やボディスキャンなどを日課として自宅などで続けてもらうしくみとなります。

　リーらが発見した一つのポイントとして、MBSRを途中でやめてしまう家族介護者が比較的少なかったことがあげられます。14の研究を総合すると、研究対象となった家族介護者は495名で、そのうち60名、約12％がMBSRを最後まで続けることができませんでした。しかし、約90％がプログラムを最後までやり遂げることができたといえます。

　家族介護者にとって、週1回2時間程度であれば、マインドフルネスのプログラムや講座を受けてもらえるのかもしれません。さらにマインドフルネスを学べるDVDなどで自宅でも実践してもらえるしくみがあれば、継続がより可能になるかもしれません。家族介護者の支えにマインドフルネスを活用していくことは福祉領域における急務といえます。

05 リーダーシップをはぐくむ

本物のリーダー

　グーグル、アップル、ジェネラル・エレクトロニック（GE）、スターバックス、ゴールドマン・サックス、マッキンゼー、ヤフー……。世界規模でビジネスを展開するこれらの企業は、すでにマインドフルネスを社内に導入し、ビジネスの活性化と社員の健康維持に活用しています。

　ビジネス界がマインドフルネスに注目する一つの理由として、マインドフルネスに望ましいリーダーシップを育てる潜在力が見出されたことがあげられます。マインドフルネスは、信頼と思いやりに根ざして社員をまとめ、組織を目標達成に導くリーダー養成に応用される時代となりました。

　福祉・介護領域では、リーダーシップは二つの面から重視されます。一つは、**スムーズな組織運営**のためです。施設長や管理職のリーダーシップは、利用者そして市民のニーズに即した支援を持続的かつ効果的に提供していくうえで欠かせません。

　もう一つは、**スーパービジョンやコンサルテーションなどに代表される臨床あるいは教育的な機能の充実**に不可欠になるためです。日本社会福祉士会による「認定社会福祉士」や「認定上級社会福祉士」、日本介護福祉士会による「認定介護福祉士」制度の導入、そしてコーチング理論の活用など、社会福祉現場ではスーパービジョンの重要性は高まるばかり。現場の福祉職を支え、よりよい支援に導くために、リーダーシップのあり方が問われています。

　リーダーシップは、よく専制的、民主的、放任的、そしてカリスマ的などのタイプ別に分けて理解されます。いずれのタイプにも共

通する「本物のリーダー」とはどのような人なのでしょうか。表裏がなく言行一致、明快で信頼できる人。その一貫した態度を可能にする深い自己洞察を得ており、ベースに人へのやさしさや思いやりに満ちている人。多くのリーダーシップ研究から見えてくる「本物」のリーダーは、このような揺るぎない姿として表されます[26]。

マインドフルネスが本物のリーダーを育てる理由

マインドフルネスの積み重ねは、なぜ本物のリーダー育成につながるのでしょうか。そのメカニズムをマインドフルネスが耕す三要素、「今、この瞬間にこころを留める」「気づきの深化」「思いやりの醸成」に立脚して読み解いてみます[26) 27)]（図表9参照）。

<図表9　マインドフルネスがリーダーシップをはぐくむ理由>

① 今、この瞬間にこころを留める

「なぜこの部署に配属されてしまったんだろう……」「まずい……今月は赤字になるかもしれない……」。過去の後悔や未来への不安にとらわれ、こころここに在らずの上司やスーパーバイザー。考えただけでも近寄りたくないですね。

今、この瞬間に注意を戻していくマインドフルネスの習慣は、**こころが今、ここにきちんと備わっているリーダー像**に通じます。「今」にしっかり焦点を当てようとする姿は、姿勢、ジェスチャー、動き、視線などを含めた全身から放たれる雰囲気で伝わります。統合された人物像を醸し出すリーダーは、まわりに安心感や信頼感を与える組織の核となっていくのです。

部下やスーパーバイジーの立場からすると、**今、この時、自分に集中して向き合ってくれているリーダーには「認められている」「大事にされている」という感覚をもちます**。この経験は、自己尊重感の増進とともに、仕事へのコミットメントを高め、結果的に目標達成に向けたパフォーマンスの向上につながると考えられます。

もちろん、リーダーは「今」にのみ集中していればいいというものではありません。企業であれ、福祉機関であれ、過去を振り返って問題を洗い出し、未来を予測し、計画を実行していく力がリーダーに必須となります。「今」にばかりエネルギーを注ぐと、大切な管理業務の遂行に支障が出てしまいます。大切なことは、両者のバランス——今にこころを寄せること、そして目標に向かって組織を動かす原動力になること——を柔軟にとれるかどうかです。

言い換えると、常に真新しい「今、この瞬間」にオープンで初心

に戻ったような**「ビギナーズ・マインド」**と、知識と経験を駆使しながら目標達成のためにメンバーを導く**「エキスパート・マインド」**をしっかり保持して、統合することのできるリーダー像をマインドフルネスは下支えすることが可能となるのです。

② **気づきの深化**

「頼りない」「相談しても答えは代わり映えしないし」「どうせ……」。上司やスーパーバイザーへの不信は、こんな言葉で表されることも少なくないでしょう。**マインドフルネスによって深められる「気づき」の態度は、自動的に浮かんでくる安易な判断や結論に頼らず、ワンクッションを置いて熟考するリーダーの態度に通じていきます。**

担当ケースのことや膨大な事務作業を抱える福祉職にとって、上に立つ人から自分の相談事に対して即座にジャッジされると、つい「カチン」ときてしまいますね。「こっちはいっぱいいっぱいでやっているのに！」。リーダーによる安易な対応は、メンバーの相談意欲を低下させ、やがてはあらゆる場面で自主的に意見やアイデアを言おうとしない雰囲気を作り上げてしまいます。

リーダーの「熟考力」は、相談者とともに解決策を探索する機会をもたらします。**この姿勢は、福祉職にとってリーダーの「受容力」と映り、組織に安心感をもたらすと考えられます。**

「気づき」は、リーダーにとって自己への洞察を深める入り口にもなっていきます。「脱中心化」の作用によって、一歩離れた客観的な視点から自分を見つめ、自分の行動や思いを振り返る機会をリーダーに提供します。「組織のためよりも自分のために動いていないか」「自分がヒーローになるために決断していないか」「組織の

価値やゴールを見失っていないか」。マインドフルネスは、自己防衛をつい優先させてしまう衝動への気づきをリーダーにもたらし、**自分本位の執着を手放していく助け**となり得るのです。

③ 思いやりの醸成

　ビジネス界においてマインドフルネスに光を当て、独自のプログラムを一躍世界に広げたのがグーグル社のチャディー・メン・タン氏です。彼は、マインドフルネスと情動的知能（Emotional Intelligence Quotient: EQ）の知見を兼ね備えた「サーチ・インサイド・ユアセルフ（Search Inside Yourself: SIY）」というプログラムを開発しました[28]。

　タン氏は、過去のリーダーシップ研究のレビューから、本物のリーダーにとって最も重要な資質を一つあげるならば、それは**「愛情」**であり、**「人への思いやり──コンパッション」**であると述べています[28]。「思いやりなくして信頼なし」。形はどうあれ、人とのつながりのなかで相手を認め、尊重し、いたわる気持ちを感じることができなければ、その人を信頼することはできません。

　社会情勢や諸制度は目まぐるしく変わり、時に組織の改編や人員の配置換えなど痛みを伴う変化も余儀なくされます。長期的な視点に立つと、リーダーの根底にあるメンバーへの尊重や思いやりは、メンバーにとって予想外の変化に耐えるための「こころの拠り所」となり得るのです。

　マインドフルネスは、自分の不完全さを温かく迎え入れ、人と比較しないで自分の存在を大切にしようとする洞察──セルフ・コンパッションを育ててくれます[29]（第2章04「コンパッション〜慈しみの覚醒」参照）。慈しみの瞑想は、セルフ・コンパッションを

深める具体的な瞑想法の一つです。

　呼吸瞑想やボディスキャンなど本書でご紹介したマインドフルネス・プラクティスもセルフ・コンパッションを深める効果があることがわかっています。マインドフルネス瞑想の基本は、呼吸や身体感覚への集中→こころのさまよい→呼吸や身体感覚への注意の戻しを繰り返すことにあります。つまり、「さまよい」と「回復」の絶えざる循環を経験することになります。これは、揺らめく不安定な自分を受け入れ、許し、再生していく実感を心身全体で何度も感じ取る機会となり、自分への慈しみが深まっていくのです。

　自己への慈しみは、やがて部下やスーパーバイジーの苦しみを受容し、厳格になりすぎず、互いに力を合わせて困難を乗り越えていこうとするコンパッションの萌芽（ほうが）へと通じていきます。

マインドフルネスの「落とし穴」

　このようにみてくると、マインドフルネスはリーダーシップを高める万能薬のように思われるかもしれません。しかし、落とし穴があります。シンガポール・マネジメント大学の准教授、J. レブらは、マインドフルネスを単なるテクニックとして用いるとき、リー

ダーはダーク・サイドにその身を落とし、自分自身、そして組織そのものをよからぬ方向に導く危険性を指摘します[26]。

彼らの警鐘を紐解くと、例えばマインドフルネスに備わる「今、この瞬間への明晰な注意」は、部下やスーパーバイジーの**「あらさがし」**に使うことだってできます。また、コンパッションの態度を「部下を従わせるための"フェイク"」あるいは「自分の怒りを隠すための"マスク"」として用いることも可能です。いわゆる**「見せかけの思いやり」**として用いられてしまうのです。

さらに、マインドフルネスをある種のスピリチュアルな自己啓発方法と位置づけ、リーダー自身が高尚なプラクティスを続けていると錯覚して高揚感や優越感を抱いてしまうことも考えられます。優越感は、次第にマインドフルネスを実践している人への優遇と実践していない人への冷遇につながりかねません。

これらはすべて、好印象やパワーを得るための自己中心的な目的でマインドフルネスを活用しようとするリーダーの態度です。誤ったマインドフルネスの取り組みは、リーダーとしての資質のみならず、組織の根幹を揺るがしかねません。「はじめに」でもご紹介した**「マクマインドフルネス（McMindfulness）」**の弊害がリーダーシップの涵養にも忍び寄っているのです。

いくらマインドフルネスの経験を深めても、従事する仕事の価値や目標に対する深い理解と賛同が備わらなければ、本物のリーダーとは程遠い存在となってしまいます。**福祉職の場合、利用者の尊厳を守り、自己実現のために支えていく支援の価値、そして専門職としての倫理観とマインドフルネスが豊かに交差するとき、自分本位ではなく、真のコンパッションが芽生えていきます。**そして、信頼

に足る福祉職のリーダー養成への道筋が見えてくるのです。

> **こんなときはどうするの？**
>
> **中断してしまったとき**
>
> 「マインドフルネスを続けていたけれども、多忙な日々の生活のなかでいつの間にか中断してしまった」。そんな経験をもつ人は少なくありません。マインドフルネスはいつでもどこでも再開できます。中断する前の経験が無になることはありません。マインドフルネスの経験はからだで覚えているものです。ストレスを感じたり、自分を見失いがちだなと思うとき、マインドフルネスの営みを思い出して、また続けていきましょう。いつもマインドフルネスはあなたの横で伴走しています。

> 5分でできるプラクティス⑭

リーダーシップをはぐくむマインドフルネス

　本項を通して解説してきたように、これまでご紹介してきたマインドフルネス瞑想すべてが本物のリーダーシップ向上に貢献すると考えられます。ここでは、先に紹介したグーグル社で取り組まれているサーチ・インサイド・ユアセルフ（SIY）から「善良さを増す瞑想」をご紹介します。豊かな思いやりのあるリーダーシップをはぐくむためのプラクティスです[28]。

❶いつものように瞑想できる姿勢で座ります。目を閉じてもいいですし、閉じなくてもかまいません。自然な呼吸で、リラックスしていきます。

❷ゆっくりと自分のなかにある思いやり、やさしさ、人と分かち合った喜びに意識を向けていきます。具体的なエピソードや記憶でも大丈夫。席を譲ったり、困っている人に手を差し伸べたりしたような経験、こころとこころがつながった嬉しい出来事、家族を大切に想う気持ちなどでもかまいません。

❸息を吸い込むときに、自分のなかの思いやりや喜びを吸い込むように意識します。息をするごとに思いやりや喜びが大きくなっていくのを感じてみましょう。

❹今度は、息を吐くときにその思いやりや喜びが光となって全身から放たれる情景を想像してみます。放たれた光は世界に広がっていきます。

（2、3分間をおいて）

❺次に、あなたの知っている人々のなかにある思いやり、やさしさ、そして喜びに意識を向けていきます。家族、友人、同僚など知っているあらゆる人々です。

❻その人々の思いやりや喜びが彼らのからだから光のように放たれるところを想像してみましょう。

❼ゆっくり、息を吸い込むときにその人々の光を吸い込むようにして呼吸をしてみましょう。

（2、3分間をおいて）

❽世界中の人々の思いやり、やさしさ、そして喜びを想像しながら同じような呼吸をしてみましょう。

　これは、自分、そしてまわりの人々に存在する利他性に意識を向け、お互いに思いやりを授受し合える認知と情動を深めていくこころとからだを使ったプラクティスとなります。この瞑想すべてを1回で行う必要はありません。自分のなかのやさしさに目を向けるだけでもかまいません。リーダーとして、またスーパーバイザーとしての役割に閉塞感を感じたとき、また日々の取り組みとして実践してみてほしいと思います。

COLUMN

世界政府サミット2017から

　マインドフルネスストレス低減法(MBSR)の創始者、ジョン・カバット・ジンやマインドフルネス推進者の一人、アメリカ下院議員、ティム・ライアン。彼らが理事として参画しているマインドフルネスの月刊情報誌 "Mindful" 2017年2月号では、同年2月14日にドバイで行われた「世界政府サミット」の様子が紹介されています[30]。

　議論されたトピックの一つが将来のロボットとAI(人工知能)事業に関するものでした。今後多くの仕事が両者にとって代わられていく時代がやってきます。

　サミットにおいて、マインドフルネス実践者の世界銀行頭取、ジム・ヨン・キム氏は、科学技術の追求がいくら進もうとも人と人との共感やコンパッションの重要性は色褪せず、むしろ高まると主張しました。そして、これからは "STEMpathy"(Science=科学、Technology=技術、Engineering=エンジニアリング、Maths=数学＋Empathy＝共感)という姿勢が重要になると述べています。さらに彼は、「第4次産業革命」、すなわちロボットやAIが今ある仕事を人間から奪う時代は避けられないものの、次世代の精神的な健康に投資することは、社会の安定に重要であり続けるという持論を展開しています。

　この記事では、第4次産業革命が迫る今日、私たちの意識、共感、そしてコンパッションは人間に備わった代替できない能力であり、経済やマーケットといった曖昧な概念にとらわれず、どれだけ共感的に人々と共鳴していくことができるのか、その能力があらゆる領域のリーダーに求められる時代がくる、と締めくくっています。

06 "傷つき"から身を守る

福祉職の悩ましさ

　福祉職の仕事の内容や対象となる問題を眺めると、臨床心理や看護といった対人援助職とは異なる独特の「悩ましさ」がみえてきます。悩ましさ——それは生活全般にわたる多問題、見えにくいゴール、一部の援助への動機づけの乏しい利用者、家庭訪問など公私を分けにくい曖昧な関係、そして危機の頻発という五つの側面から読み解くことができます。

　利用者の生々しい生活に密着しながら、利用者目線で問題をとらえ、ともに歩んでいく。利用者の立場からすると、老いや病、そして貧困などで多くを手放さざるを得ず、それでも尊厳の保持を一心に願ってなんとか自分を維持しようとする思い。もはや恥も外聞もなく、たましいが裸になったような存在をかけたやりとりが利用者から福祉職に突きつけられることもあるでしょう。

　このような状況のもと、利用者から突然、攻撃的な言動にさらされる福祉職も少なくありません[31]。利用者の思いに圧倒されたり、十分応えられないと感じるとき、それは福祉職にとって「傷つき」の体験になる可能性が生じます。

不十分な"傷つき"へのまなざし

　福祉職のストレスは、「バーンアウト（燃え尽き症候群）」としてとらえられることが少なくありません。バーンアウトとは、「感情が出てこない（感情疲弊）」「自分が自分でないような感覚（離人感）」、そして「何をやっても達成感が得られない（達成感の低下）」

という三つの心身状態から評価されます。

　福祉職の「傷つき」へのまなざしは、未だ十分とはいえない現状があります。ある程度の時間的経過を伴って進行していくバーンアウトとは違い、傷つきは突然の出来事によっても生じます。その一瞬の経験が長期的な心身へのダメージにつながることがあるのです。

　福祉職に傷つきをもたらす出来事は、**直接的なものと間接的なもの**に分けられます。

　直接的な傷つき体験としては、利用者やその家族に怒鳴られる、自殺企図を打ち明けられる、虐待にまつわる情景を目にする、劣悪な生活環境を目撃する、遺体と向き合うなどがあげられます。

　間接的なものは**「二次受傷」**や**「代理受傷」**と呼ばれ、利用者の痛みや喪失、そしてトラウマ体験の話に聴き入り、共感的な態度を築くことで、利用者の体験をまるで自分のことのように感じてしまうことで生じる傷つきを表します。例えば、犯罪被害者に寄り添うことで、自分は被害を受けていないにもかかわらず悪夢を見たり、夜一人で歩けなくなるような福祉職の内なる変容は、間接的な傷つきによるものといえます。

　直接・間接、いずれの傷つき体験も、福祉職自身に**心的外傷後ストレス障害（PTSD）**を生じさせてしまうリスクがあります。例えば、利用者にあらぬ暴言を浴びせられたあと、職場を離れても利用者の罵声が突然こころに蘇る**（再体験）**、利用者

に会うのを避けてしまう**(回避)**、いらいらして何事にも集中できない**(過覚醒)**という三つの状態が1か月以上続くようであれば、PTSDに陥っている可能性があると判断されます。

　福祉職の「傷つき」を見過ごすことはできません。篠崎良勝氏は、「ケアハラスメント」という概念を用いて、人権や職域が侵害されるような経験が日常的に繰り返されている介護現場の現状をアンケート調査にもとづいて報告しています[31]。この調査から、暴言や暴力、性的嫌がらせ、介護保険の不適正行為の押しつけなど、ハラスメント行為に直面する介護職の実態が見えてきます。

　また、アメリカの研究ですが、ジョージア大学社会福祉学部のB.E.ブライド教授は、福祉分野で働くソーシャルワーカーが利用者との援助関係を通じて直接的、間接的にトラウマを体験している割合がきわめて高いことを282名の質問紙調査から明らかにしています[32]。この調査では、福祉職の約50％はPTSDに特有の症状を訴え、15％はPTSD診断基準に合致すると指摘しています。

堂々めぐり〜反芻思考(はんすうしこう)

　皆さんはトラウマ、あるいはPTSDという言葉からどのようなイメージをもたれるでしょうか。多くの人は、突然恐ろしい記憶が蘇る「フラッシュバック」で苦しむ姿を思い浮かべるかもしれません。両手で顔をおおい、凍結してしまったようなからだの状態……。フラッシュバックはPTSDのつらい症状の一つです。

　しかし、近年の研究では、多くのトラウマ体験者の悩みの種は、傷つき体験にまつわることを繰り返し考えてしまう**「反芻思考**

(rumination)」にあることがわかってきました[33]。反芻思考は、後悔、罪悪感、怒り、心配などネガティブな気分や考えを伴います。突然のつらい記憶の想起というよりは、あれこれ絶え間なく傷ついたことに考えがめぐってしまうという状態です。

　一連の研究から、反芻思考はトラウマからの回復を阻害することがわかってきました。反芻思考は、一旦は傷つき体験に関連する記憶が鮮烈に出てこないようにするための「回避」の役割を担います[34]。

　「あんなこと言わなければよかった」「なぜ私が怒鳴られないといけないんだろう」「もし同じことが起きたらどうすればいいんだろう」。「もし（if）」や「なぜ（why）」の問いかけが、とめどなく頭の中を駆けめぐる反芻思考はとてもつらいものです。しかし、これらの考えの繰り返しは、トラウマの生々しく最もつらい記憶の部分を中和させ、曖昧なものにする回避の効果も兼ね備えています。こころの中で繰り返されるこれら「もし」「なぜ」の問いは、フラッシュバックによる記憶の侵入を防ぐ防波堤の役割を担っていると考えられるのです[35]。

　そうはいっても、反芻思考は常にネガティブな気分や感情を伴い、つらいものです。気分の波は、やがては防波堤を越え、結局はトラウマ記憶をこころに蘇らせる引き金になってしまいます。反芻思考は、つまるところトラウマの対処を遅らせ、つらい記憶を長くとどめてしまう悪者になってしまうのです（次頁図表10参照）。

　嫌な記憶を曖昧にしてこころに浮かんでこないように、一生懸命あれこれ考えをめぐらせて対処する。しかし、考えれば考えるほどその記憶はこころにこびりつく。この悪循環は**「痛みのパラドックス（pain paradox）」**と呼ばれています[36]。

<図表10 反芻思考によるトラウマ記憶の回避と持続のメカニズム>

傷つきとマインドフルネス

「痛みのパラドックス」のパターン、すなわち反芻思考による傷つけられた記憶の回避と持続の悪循環に対して、マインドフルネスは三つの理由から有効となり得ます[36]。

① 反芻思考をメタ・レベルでとらえる

マインドフルネスは、反芻思考に気づき、一歩離れたところから俯瞰する態度を育ててくれます。本書でも繰り返し述べてきたように、マインドフルネスの視点に立つと、こころに湧き起こる想念や

記憶を意図的に止めることはできません。しかし、今、この時の心身の状態に気づいていくマインドフルな態度によって、思考の渦からこころのスペースを設け、過去の出来事によってこころがハイジャックされてしまわない状態を得ることは可能になります。

例えば同僚からの嫌味な一言が頭から離れない場合、その人との過去の交流や将来の言い争う場面など、まるで思考の大波に打たれ埋もれていくような状態に陥りがちです。マインドフルネスは、波を止めることはできなくとも、うまく波に乗れるサーフィンの技術を教えてくれます。「考える」ことで傷つきを「回避」するやり方ではなく、うまく波乗りをしながら波の激しさを**「手放していく」**営みを提供してくれるのです。

② **トラウマ反応の引き金に気づく**

マインドフルネスの耕しは、トラウマ記憶を想起させる引き金（トリガー）を微細に察知する力を高めてくれます。場にそぐわない身体反応（肩や胸のあたりの緊張、動悸、表情の変化など）、突然こころに侵入してくる考えや感情（反芻思考、怒り、罪悪感、後悔、拒否感、不安、恐怖など）。日頃の呼吸瞑想、歩行瞑想、そしてボディスキャンなどの積み重ねは、**これらこころとからだの反応にいち早く気づく準備体制を築くことにつながります。**

マインドフルネスの深まりとともに、過去の記憶に由来する心身の反応と、今、この瞬間に起きていることとの区別ができ

るようになります。反芻思考に対しても、ハイジャックされるのではなく、「過去の自分がしゃべっていること」といった客観的なとらえ方ができるようになると考えられます。

③ いたわりの気持ちを涵養（かんよう）する

　マインドフルネスは、傷つき体験やトラウマ記憶に含まれる自分への責めや罪悪感を低減する作用をもたらします。自然に出てくる嫌な反芻思考や身体反応を制御するのではなく、眺めながら手放していく。この繰り返しは、「すべてを制御しなければ」という気負いを和らげ、自分に対する許しの気持ちを芽生えさせます。また、セルフ・コンパッションは、自分を非難せずに受け入れていくこころを育てていきます。

　傷つき体験でこころを痛めている人にとって、自分自身をやさしく受け入れることは容易ではありません。傷つきやトラウマ体験は自分の存在が脅かされる体験であり、自己否定感がつきまといます。「自分は慈しみなど受けるには値しない」と思い込んでしまうこともあります。そもそも利用者の尊重と支えを価値基盤に仕事をする福祉職にとって、自分のことは後回しになりやすく、自分にやさしさを向けることに違和感をもつ人も少なくないことでしょう。

　セルフ・コンパッションは、考え方を変えることを求めません。一つひとつの行為に自分への慈しみの言葉を添えていく営みです。**その言葉は、本来こころに備わっている慈しみの源泉を目覚めさせます**。その結果、自己否定感が緩和され、自分を大切に思えるこころを再生することができます。とても穏やかな方法で自分をやさしく迎え入れていくことができるのです。

こんなときはどうするの❓

息が苦しくなる

呼吸瞑想をしていると息が苦しくなる、からだがつらくなることは決して珍しくありません。そういう場合は、呼吸に注意を向けることは避けましょう。呼吸の代わりに、足の裏や手のひらの感覚、まわりの音など自分にとって安心に思える感覚をアンカーにして瞑想を続けてみましょう。それでも十分に呼吸瞑想の効果を深めることができます。

> 5分でできるプラクティス⑮

傷つきから身を守る
マインドフルネス

　ここでは、嫌な思い出がこころに湧いてきたり、トラウマ体験にまつわる反芻思考に気づいた際のマインドフルネスに根ざした対処方法を三つ紹介します[37]。これらは、段階的に行ってもいいですし、それぞれ個別に用いても問題ありません。状況に応じて、また自分に合う・合わないといった主観的な判断も尊重しながら、自分なりの対処方法を編み出していってほしいと思います。

①　グラウンディング

　グラウンディング（着地）は、必ず目を開けて行います。トラウマ記憶や反芻思考に陥る際、五感を通じて「今」への気づきを得ていきます。グラウンディングには次の三つの方法があります。

- 記憶とは関係のないまわりのもの、例えばペンや腕時計の感触や重さ、見た目の形や図柄に気づいていきます。気に入ったものを持ち歩いて、トラウマ記憶が蘇る兆しを感じたらいつでもグラウンディングに使うようにしてもいいでしょう。
- 立っている場合は、足の感覚、力の入れ具合、足の裏にかかる重心、床の感触を感じてみます。
- 部屋の中、あるいは周囲を見て、これまで気づくことのなかった新たな発見をしてみます。どんな小さなことでもかまいません。色、光、影、物、位置など些細な発見です。

グラウンディングによって、トラウマ記憶や考えの渦に自動的に巻き込まれず、こころのスペースを設けることが可能となります。

② **チャンネリング**

チャンネリングとは、いわゆるテレビのチャンネルを変えるのと同じく、「つらい記憶チャンネル」から別のチャンネルにシフトするやり方です。以下の手順で行ってください。

❶ 新しいチャンネルは「安らぎチャンネル」など皆さんの好きな名前で呼んでください。

❷「安らぎチャンネル」の内容は、好きな場所の情景、心温まる人の表情や会話、気に入っているキャラクターや俳優との交流場面などできるだけ具体的にイメージしておきます。

❸「つらい記憶チャンネル」が放映され始めたら、しなやかにやさしく「安らぎチャンネル」へ、まるでテレビのリモコンで切り替えるがごとく、こころの情景をシフトしていきます。

❹ 雑念に気づいたら「呼吸＝アンカー（錨）」に注意を戻すよう

に、「安らぎチャンネル」をアンカーにしていきます。

③　セルフ・コンパッション

　自分への慈しみの言葉をこころのなかで繰り返していきます。慈しみの瞑想では、「私が幸せになりますように。私がすべての苦しみから解放されますように」という言葉を使いました。同じフレーズでもいいですし、長くなりすぎない範囲で独自の言葉を編んでもかまいません。「つらい体験だけど私は乗り越えることができます」「この経験は大変だったけれども今、私はここにいます」「この反応はしんどいけれども正常なものであり、私が悪いわけではありません」といった言葉もセルフ・コンパッションの耕しになります。

　トラウマ体験の記憶がこころに侵入してくる際に、セルフ・コンパッションのプラクティスを行ってみましょう。ただ自分への慈しみの言葉をこころで繰り返すだけです。

　また、悪夢のために眠ることに恐れを抱く場合、眠る前に数分の時間をとり、このプラクティスを取り入れてみてください。「私が眠ること、嫌な夢を見ることのつらさから解放されますように」など自分を大切にするフレーズを作ってみるのもいいでしょう。

第3章 マインドフルネスを福祉の現場でいかす

COLUMN

傷つきから身を守る福祉職

　マインドフルネスによる傷つきの癒し。
　地域福祉機関で管理職として働く50歳代男性ソーシャルワーカーは、弁護士も交えた危機状況にある面接場面において、呼吸や身体感覚を使った気づきを取り入れ、グラウンディングをうまく活用したエピソードを話してくれました。

・何か面接している間も、ちょうどエアコンが前にあるんでエアコンがこっちから当たってるなとか、座る位置が変わったらきょうこう感じるなとか、そういうあれとか、手を膝に置いてるんでその感覚、お尻、足っていうまた呼吸でしてるので、そういう身体に意識は向けることはあってもほとんどとらわれてないのが結構不思議ですね。冷静さを保つことができました。

　障害者福祉の相談業務に従事する30歳代女性ソーシャルワーカーは、慈しみの瞑想におけるセルフ・コンパッションの深化を体験し、人間関係に伴う傷つきから身を守る術として活用しているエピソードを話してくれました。

・すごく調子の悪い時に、セルフ・コンパッション、自分に対して慈しみの気持ちを向けてみます。自分と一緒にいられなかったら誰とも一緒にいられないと思うんです。自分とまず一緒にいる、というか。何かがあったときですね。変にいらいらするときって、多分身体的な不調とか睡眠不足が多いと思うんですけど、それはまだいいんですね。やはり人との関係で何かあったときには、すごく効果あります。落ち着くのと、自分と一緒にいられる感覚ですか。例えば人間関係でまずくなっていても自分と一緒にいられれば、その人とのかかわりがうまくいかなかったとしても軸がぶれるのはおさえられるというか、距離を取っていけますから。

07 介護施設運営にいかす

5000万円の費用対効果

　ここでは、アメリカの介護施設におけるマインドフルネスの実践例を取り上げ、国内の介護施設の運営にマインドフルネスをいかす意義と方法について考えてみたいと思います。

　紹介する取り組みは、ジョージア州のオーガスタ大学、N. N. シン教授らの研究グループによる知的障害者施設へのマインドフルネス導入例です。

　シン教授らは2006年から知的障害者のグループホーム・スタッフ、知的障害者授産施設職員、そして発達障害児の親グループなどにマインドフルネス・プログラムを展開しています。そして、障害者の攻撃性や行動の予測が難しいことで疲弊していた施設職員や家族にとってのマインドフルネスの有効性を研究してきました[38)〜44)]。

　研究のために開発されたマインドフルネスの方法論は、週2回8週間、あるいは7日間集中いずれかのスタイルで実施される「**マインドフルネス積極的行動支援（Mindfulness-Based Positive Behavior Support: MBPBS）**」と呼ばれるものです。

　彼らによる知的障害者授産施設（48床）の介護職を対象にしたMBPBS（7日間集中プログラム）による実験結果は、注目に値します[43)]。職員を無秩序に「通常の介護研修グループ（38名）」と「MBPBS研修グループ（37名）」に分け、複数の指標を設定して研修前と研修後における変化を比較しました。両グループともフォローアップも含め、研修期間は10週間でした。

　結果として、MBPBSグループのほうが通常の研修グループよりも大幅にストレス・レベルが低減しました。これは、ある意味予想

通りといえるでしょう。しかし、その他の指標における両グループの差異は、驚くべきものでした。利用者に対する身体的拘束、興奮を抑える投薬（stat薬）、1対1の監視体制の導入。これら介入の頻度は、すべてMBPBSグループのほうが有意に減少しました。実際、MBPBSグループによって支援された利用者への攻撃的な行動は、研修後に減少していました（図表11参照）。

　注目すべきは、施設運営上の費用対効果です。介護職の負傷による代替職員の配置にかかる費用、負傷の治療費やリハビリ費用、1対1の監視体制導入によるエキストラなスタッフの配置費用、退職や転職に伴う新たな雇用にかかる費用などは、MBPBSグループのほうがはるかに低く抑えられることがわかりました。40週間のフォローアップをふまえて計算したところ、MBPBS研修は通常研修と比較して78％（45万7920ドル、約5000万円）の経費削減が見込まれることがわかったのです。

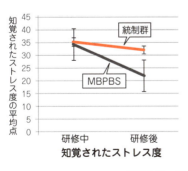
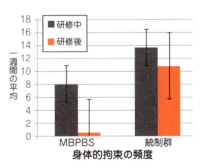

<図表11　MBPBSの効果 [42]>

新たな方策を見出す

　MBPBSは、1）本書でも紹介してきた一連のマインドフルネスのプラクティスと、2）発達障害や知的障害がある人々の詳細な行動分析から問題行動のメカニズムと介入方法を個々の状況に合わせて考案していく積極的行動支援（Positive Behavior Support: PBS）の二側面を、いわばハイブリッド化したプログラムです。

　MBPBSの施設運営に対するとらえ方は、今後日本の介護施設にマインドフルネスをいかす道筋を示すと考えます。

　シンらMBPBS開発者はまず、高齢者や障害者の介護施設はルールに縛られやすく、スケジュール管理が厳しくなりがちである、という共通点に着目しました[44]。施設では利用者の個別ニーズに寄り添うことを大切にしながらも、事故や危機的状況をできるかぎり回避することが優先されます。その結果、日々の生活をルーティン化せざるを得ない現状があります。

　しかし、ルーティンをこなすことが知らず知らずのうちに「目標・ゴール」になってしまうと、「すること（doing）モード」に施設全体が染まってしまいます（第1章03「うつから身を守るために」参照）。ルーティンばかりに目がいってしまうと、介護職による気づきが生まれにくくなります。そうすると、日々の介護経験から自分のこと、そして利用者のことについて洞察

を深めていくプロセスをたどれなくなってしまいます。開発者たちは、ルーティンの維持が優先されがちな施設のあり方を変えようという思いでマインドフルネスに白羽の矢を立て、MBPBSをプログラム化していきました。

マインドフルネスの視点から施設を再評価する

　もう少し詳しくみていきましょう。MBPBS実践の先駆者たちは、マインドフルネスを介護施設に取り入れるにあたって、今現在の利用者とのかかわり方や施設運営のあり方を、マインドフルネスの視点からとらえ直してみました[44]。

　ここでは、日本国内の介護施設を再評価するために有益と思われる四つの評価軸をご紹介します（図表12参照）。

評価軸		
ルーティン	・施設ルーティン ・施設のルール、スケジュール ・運営主体	・個別ルーティン ・利用者個々の生活リズム ・利用者主体
介護行動	・反応(reaction) ・自動操縦的な対応 ・後悔や罪悪感の温床	・応答(response) ・気づき・一歩立ち止まった対応 ・後悔や罪悪感の予防
プログラム	・練習(exercise) ・プロトコルとゴールの明確化 ・予測可能な経験	・活動(activity) ・参加者の動機づけ、楽しみ ・新鮮な経験
自立支援	・独立(independence) ・独り立ちして生活を営む ・機能的側面	・自主(autonomy) ・自ら制御し、選択できる ・主体的側面

<図表12　マインドフルネスの視点にもとづく介護施設運営の評価＞

① **施設ルーティン／個別ルーティン**

　施設側のルーティンと利用者個々の生活ルーティン。両者の間にスペースを設けて、俯瞰的な視点で互いの関係を見つめていきます。介護職は施設側のルーティンのみに視点が偏っていないかどうか、利用者の選択できるスペースを見失っていないかどうか、利用者のニーズや希望を受けとめているかどうか。今、この瞬間に立ち戻り、「あること（being）モード」で利用者の生活に対する介護職のかかわり方に気づいていきます。

② **反応（reaction）／応答（response）**

　反射的に動くか、考えてから動くか。前者が反応（reaction）、後者が応答（response）として区別し、施設運営をとらえてみます。

　予測しづらい行動をとる認知症患者、精神障害者、そして知的障害者。施設内では、利用者の安全確保と危険回避のためにも、介護職は反射的あるいは自動的な「反応」で対処せざるを得ない状況が生じます。一方「反応」による対処が習慣化してしまうと、心身が自動操縦状態になり、利用者のこと、そして自分自身のことへの気づきを得にくくなります。

　さらに、「反応」は介護職にとって後悔や罪悪感と隣り合わせとなります。「なぜもう少しやさしくできなかったのだろう……」「もし自分にもう少し余裕があれば……」といった自問自答を反応後に繰り返してしまうことが往々にして起こり得ます。後悔や罪悪感は反芻思考となり、ストレスの元凶になりかねません。

　一方、今、この瞬間にこころを込めて対応する「応答」は、こころが「今」にある状態。利用者、そして自分自身の微細な変化への気づきが生まれ、洞察を深めていくことが可能となります。そし

て、「応答」は自動操縦から一歩離れたこころのもち方から生まれるため、**「後悔や罪悪感の予防」**にもつながっていきます。

③　練習（exercise）／活動（activity）

施設におけるデイサービスやレクリエーションなどのプログラム内容を「練習（exercise）」と「活動（activity）」という二つの異なる視点から吟味してみます。

「練習」の特徴は、そのプロトコル（手順）とゴールが明確であることです。ADL（日常生活動作）を向上させる、筋肉をつける、動きをスムーズにする。リハビリテーションにも通じる一連のプログラムは、ここでいう「練習」の枠組みに入ると考えられます。

「活動」は、「練習」とは違って参加者の動機づけと楽しみを含みます。人との交流を通じて今、ここでしか起こり得ない新鮮な経験を享受できることが期待されます。

施設内の行事やルーティンにおいて、それぞれ「練習」と「活動」の特徴をどのように取り込んでいるのか。そのバランスにおいて、利用者の思いや選択が見失われていないかどうか。プログラムを進めることばかりに目がいって（練習の視点）、利用者の気持ちが置き去りにされていないかどうか（活動の視点）。

介護職がマインドフルネスにふれ、プラクティスを深めていくことで施設における「練習」と「活動」のあり方の微細な違いと利用者の思いへの気づきが深まり、必要に応じて改善策を講じることが可能となります。

④　独立（independence）／自主（autonomy）

利用者の自立支援は、介護の大切な価値であり、目標になります。自立は、できるかぎり一人で生活を営むことができる、いわゆ

る独り立ちできるという側面と、日々の生活を自ら制御し選択しながら歩んでいくことのできる主体的な側面の両方が含まれた概念といえます。MBPBSでは、前者の意味を表すものとして「独立（independence）」、後者を「自主（autonomy）」と呼びます。

　歩行器なしで歩けるようになることは「独立」、体力温存のためにあえて歩行器を使おうと判断することは「自主」。それぞれ区別してとらえることができます。「独立」に至る道筋は、ゴール設定とゴールに至るステップを細分化しやすくなります。「自主」は、利用者の状態やまわりの状況によって、その意味や方法が移り変わり、支援のあり方もそのつど変えていく必要が出てきます。

　利用者の主体的な思いがなければ、「自主」は成就しません。利用者の思いに気づき、支えていくためには、介護職の利用者に対する固定化されたイメージや思い込みから少し距離をおいて客観的に見つめ、真新しいこころ、ビギナーズ・マインドで探索していく姿勢が求められます。まさにマインドフルネスによって耕されるこころのあり方です。

**　介護職のかかわりが利用者の独立を促すものなのか、自主を支えるものなのか。そのバランスは妥当なものかどうか。その瞬間における利用者の感情、判断、取り巻く状況はどのようなものか。マインドフルネスは、知識や経験に加えて心身全体を通じてこれらの気づきを感受できる介護職の姿を育てていきます。**

> 5分でできるプラクティス⑯

よりよい介護施設運営のためのマインドフルネス

　マインドフルネスの耕しは工夫次第で介護施設においても深めていくことができます。自然に、でも意図的にマインドフルネスを施設に浸透させ、介護職と利用者を支えていくために、ここでは二つの方法を提案します。

① 「ルールがなかったとしたら？」
　利用者の支援計画やスケジュール管理を行う際、「もし施設のルールや規則がないとすれば、ベストの解決策やサポート方法はどのようなものになるだろうか」と問いかけてみます。仮ではありますが、ルールをなくしてみる、という試みです。この問いかけによって、介護職は施設側の視点から利用者主体の視点への移行を感じ取ることができます。そして、支援のあり方について自由な発想が生まれやすくなることでしょう。
　介護職が本書で紹介してきたマインドフルネスの経験を深めることにより、人の意見に対してジャッジするような雰囲気が薄まり、よりオープンで自由に受けとめ尊重し合える雰囲気が施設に芽生えてきます。ルールがなかったとしたら？　という仮説的な問いは、スタッフ間や多職種間で自由な安心感に満ちた議論を促します。マインドフルネスは、創造的で活気に満ちた介護現場の実現への道筋を照らす光となっていくことでしょう。

② マインドフルなスーパービジョン

　介護職のストレスの実態を見つめ、効果的な対処法を発信している堀之内高久氏は、福祉領域のスーパービジョンは、どうしても評価的、審判的になりやすい点を憂慮しています[45]。堀之内氏は、スーパービジョンが「的確なことをやっていると思われる人から、的確でない対応をしている後輩や初心者と思われている人に、方法や情報を提供する場になっているために、感情的対立を生みやすい土壌を作り出している」と述べます。そしてその背景に、利用者中心の価値に伴う「ねばならない主義」が福祉領域に根ざしていることを危惧しています。

　対策案として堀之内氏は、利用者との援助関係や介護で味わった気持ち・感情を共有する場をスーパービジョンに求め、介護職の成長を促す機会にしていく必要性を訴えます。私も同意見です。私は介護職やソーシャルワーカーへのスーパービジョンの場面では、相談者に対してマインドフルに投げかける次の四つの質問を大切にしています。

・その時、あなたの身体感覚はどのようなものでしたか？（身体）
・その時、あなたにはどのような考えが浮かんできましたか？（思考）
・その時、あなたはどのような気分、あるいは感情をもちましたか？（感情）
・その時、あなたはどのような選択をされましたか？（選択）

　身体、思考、感情といった異なる次元による相談者の気づきを促

します。そして、最終的にとった選択肢（支援）はどのようなものだったのか、またその選択肢はどのようなプロセスを経て選ばれ実践に移されたのか、相談者の語りに丁寧に聴き入るように努めています。場合によっては、相談者と私との間のロールプレイで援助場面を再現し、これら四つの問いを元にさらなる気づきを深めていきます（相談者が利用者役、私が相談者の役となり、ロールプレイを行うことが多いです）。

　四つの質問は、マインドフルネス認知療法（MBCT）の臨床で利用者に気づきを深めてもらうための「探求（inquiry）」のプロセスで用いられるもので[46]、私はスーパービジョンに応用するようになりました。大切なことは、相談者のいかなる気づきに対しても早計なジャッジをしないことです。援助場面での気づきを身体レベルまで掘り起こしてあるがままに受けとめ、自分のなかに生じた変化をメタ・レベルで眺めていくことができるように支えます。そして、自動操縦状態による「反応」になっていないかどうか、「応

答」としてどのような対応が可能であるかなどをお互いに見出していくようにしていくのです。

マインドフルネスを応用した「気づきと共感に根ざしたスーパービジョン」は、スタッフ間の感情的な対立を緩和させ、ストレス低減とともに利用者の微細な反応に気づき、こころがここに在る応答を育んでいく介護施設作りに役立つはずです。

> **こんなときはどうするの？**
> **アイデアが浮かんできてしまう**
> 瞑想中に、仕事や趣味にかかわるアイデアが浮かんできて「メモをとりたい！」という衝動に駆られることがあります。自然に湧き出る思いや考えをオープンに受けとめていくと、新たな発想が生まれることも珍しくありません。第1章でもご紹介したメリーランド大学の大谷彰氏は次のように述べます。「マインドフルネスの最中に気づいたことを忘れないようにプロセスを中断することは、一種のとらわれです」[47]。浮かんだ考えを手放し、口惜しく残念な思いをも気づきの対象になると大谷氏は述べています。

COLUMN

マインドフルネス積極的行動支援

　ここでご紹介した「マインドフルネス積極的行動支援（MBPBS）」は、職員とインストラクターによるグループワークで実施され、次のような内容を含みます。

　マインドフルネス瞑想法としては、一つの対象への集中を目的としたサマタ瞑想、心身の移り変わりにあるがままに気づいていくヴィパッサナー瞑想、歩行瞑想、慈しみの瞑想、喜び（joy）を深める瞑想、平静さ（equanimity）を深める瞑想などを段階的に学んでいきます。そして、瞑想の阻害要因である「五蓋」──貪欲（貪り）、瞋恚（怒り）、惛眠（沈んだこころ）、掉悔（のぼせ）、疑（疑い）、そして平静さと慈しみの心性を表す「四無量心」──慈、悲、喜、捨など、マインドフルネスの価値を仏教的な概念から読み解くレクチャーも含まれています。

　積極的行動支援（PBS）については、障害者の攻撃性や問題行動に焦点を当て、なぜそのような行動をとってしまうのか、対人関係、環境要因、ライフサイクル、精神状態、そして身体状況など多角的な視点をふまえてアセスメントを行い、介入プランの作成と実践、そして評価を繰り返して行動変容を目指す手続きを再確認していきます。

　MBPBSは、施設内でこれまで行われてきた障害者支援の方法論にとって代わることを目的としていません。むしろ、介護職の心身を支え、PBSの手続きをよりスムーズに、安全に、そして効果あるものにする方法として融合され、ハイブリッド化することが大きなねらいとなっています。

引用文献

01　介護職を支える

1）Hochschild, A. R.（1983）. *The Managed Heart: Commercialization of Human Feeling*. University of California Berkeley Press.
2）田中かず子「感情労働としての介護」『現代のエスプリ』519、48-58、2010年
3）篠崎良勝『介護労働学入門：ケアハラスメントの実態をとおして』一橋出版、2008年
4）渡辺俊之『介護で幸せになる：介護ストレスを減らす50のヒント』山海堂、2007年
5）糠谷和弘『あの介護施設には、なぜ人が集まるのか：サービスを感動に変える18の物語』PHP研究所、2013年
6）糠谷和弘『あの介護施設はなぜ、地域一番人気になったのか!!：「想い」と「経営力」で進化する17法人』PHP研究所、2015年
7）伊藤絵美「ケアする人も楽になるマインドフルネス」『訪問看護と介護』22（3）、182-195、医学書院、2017年
8）Singh, N. N. & Jackman, M. M.（2016）. Teaching individuals with developmental and intellectual disabilities. In D. McCown, D. Reibel, M. S. Micozzi, D. McCown, D. Reibel, M. S. Micozzi（Eds.）, *Resources for Teaching Mindfulness: An International Handbook*（pp. 287-305）. Cham, Switzerland: Springer International Publishing.

02　ワーク・ライフ・バランスを整える

9）内閣府（2017）（http://www.cao.go.jp/wlb/）2017/08/01.
10）厚生労働省（2016）『過労死等防止対策白書（平成28年版）』（http://www.mhlw.go.jp/wp/hakusyo/karoushi/16/）2017/08/01.
11）Allen, T. D. & Paddock, E. L.（2015）. How being mindful impacts individuals' work-family balance, conflict, and enrichment: A review of

existing evidence, mechanism, and future directions. In J. Reb & P. W. B. Atkins (Eds.), *Mindfulness in Organization: Foundations, Research, and Applications* (pp. 213-238). Cambridge University Press (pp.220-226).
12) Allen, T. D. & Kiburz, K. M. (2012). Trait mindfulness and work-family balance among working parents: The mediating effects of vitality and sleep quality. *Journal of Vocational Behavior*, 80 (2), 372-379.
13) Michel, A., Bosch, C. & Rexroth, M. (2014). Mindfulness as a cognitive-emotional segmentation strategy: An intervention promoting work-life balance. *Journal of Occupational and Organizational Psychology*, 87 (4), 733-754.
14) Snel, E. (2013). *Sitting Still Like a Frog: Mindfulness Exercises for Kids (and their parents)*. Shambhal. 出村佳子（監訳）『親と子どものためのマインドフルネス：1日3分！「くらべない子育て」でクリエイティブな脳とこころを育てる』サンガ出版、2015年

03　認知症とマインドフルネス①～認知症当事者を支える

15) 小澤勲『認知症とは何か』岩波新書、2005年
16) Bryden, C. (2005). *Dancing with Dementia: My Story of Living Positively with Dementia*. Jessica Kingsley Publishers. 馬籠久美子・桧垣陽子（訳）『私は私になっていく：認知症とダンスを』クリエイツかもがわ、2012年
17) Boss, P. (1999). *Ambiguous Loss: Learning to Live with Unresolved Grief*. Harvard University Press. 南山浩二（訳）『「さよなら」のない別れ　別れのない「さよなら」：あいまいな喪失』学文社、2005年
18) Quintana, H. D., Miró, B. M., Ibáñez, F. I., Santana, D. P. A., Rojas, H. J., Rodríguez, G. J. & Quintana, M. M. P. (2014). Mindfulness-based stimulation in advanced Alzheimer's disease: A comparative, non-inferiority, clinical pilot study. *Revista Espanola de Geriatriay Gerontologia*, 50 (4), 168-173.
19) Wells, R.E., Kerr, C. E., Wolkin, J., Dossett, M., Davis, R. B., Walsh, J., Wall, R. B., Kong, J., Kaptchuk, T., Press, D., Phillips, R. S. & Yeh, G. (2013). Meditation for adults with mild cognitive impairment: A pilot randomized

trial. *Journal of the American Geriatric Society*. 61, 642– 645.
20) Hölzel, B. K., Ott, U., Hempel, H., Hackl, A., Wolf, K., Stark, R. & Vaitl, D.（2007）. Differential engagement of anterior cingulate and adjacent medial frontal cortex in adept meditators and non-meditators. *Neuroscience Letters*, 421（1）, 16-21.
21) Mcbee, L.（2008）. *Mindfulness-Based Elder Care: A CAM Model for Frail Elders and Their Caregivers*. Springer.

04　認知症とマインドフルネス②〜家族介護者を支える

22) Boss, P.（1999）. *Ambiguous Loss: Learning to Live with Unresolved Grief*. Harvard University Press. 南山浩二（訳）『「さよなら」のない別れ　別れのない「さよなら」：あいまいな喪失』学文社、2005年
23) Whitebird, R. R., Kreitzer, M., Crain, A. L., Lewis, B. A., Hanson, L. R. & Enstad, C. J.（2013）. Mindfulness-based stress reduction for family caregivers: a randomized controlled trial. *The Gerontologist*, 53（4）, 676-686.
24) Mcbee, L.（2008）. *Mindfulness-Based Elder Care: A CAM Model for Frail Elders and Their Caregivers*. Springer.
25) Li, G., Yuan, H. & Zhang, W.（2016）. The effects of mindfulness-based stress reduction for family caregivers: systematic review. *Archives of Psychiatric Nursing*, 30（2）, 292-299.

05　リーダーシップをはぐくむ

26) Reb, J., Sim, S., Chintakananda, K. & Bhave, D. P.（2015）. Leading with mindfulness: Exploring the relation of mindfulness with leadership behaviors, styles, and development. In J. Reb & P. W. B. Atkins（Eds.）, *Mindfulness in Organization: Foundations, Research, and Applications*（pp. 256-284）. Cambridge University Press（pp.270-272）.

27) Brendel, W. & Bennett, C.（2016）. Learning to embody leadership through mindfulness and somatics practice. *Advances in Developing Human Resources*. 18（3）, 409-425.
28) Tan, C. M.（2012）. *Search Inside Yourself: Increase Productivity, Creativity and Happiness*. Harper Collins. 柴田裕之（訳）『サーチ・インサイド・ユアセルフ：仕事と人生を飛躍させるグーグルのマインドフルネス実践法』英治出版（282-283、296-298頁）、2016年
29) Neff, K. D.（2011）. *Self-compassion: Stop Beating Yourself Up and Live Insecurity Behind*. William Morrow. 石村郁夫・樫村正美（監訳）『セルフ・コンパッション：あるがままの自分を受け入れる』金剛出版、2014年
30) Bristow, J.（2017）. How mindfulness will protect you from being replaced by robot. *Mindful*, February 23,（https://www.mindful.org/can-mindfulness-help-us-navigate-fourth-industrial-revolution/）（2017/05/31）.

※「5分でできるプラクティス⑭」は28)、pp. 296-298を参考に改編。

06 "傷つき"から身を守る

31) 篠崎良勝『介護労働学入門：ケアハラスメントの実態をとおして』一橋出版、2008年
32) Bride, B. E.（2007）. Prevalence of secondary traumatic stress among social workers. *Social Work,* 52, 63-70.
33) Michael, T., Halligan, S. L., Clark, D. M. & Ehlers, A.（2007）. Rumination in posttraumatic stress disorder. *Depression and Anxiety*, 24（5）, 307-317.
34) Ehring, T., Frank, S. & Ehlers, A.（2008）. The role of rumination and reduced concreteness in the maintenance of posttraumatic stress disorder and depression following trauma. *Cognitive Therapy and Research*, 32（4）, 488-506.
35) Im, S. & Follette, V. M.（2016）. Rumination and mindfulness related to multiple types of trauma exposure. *Translational Issues in Psychological Science*, 2（4）, 395.
36) Briere, J.（2015）. Pain and suffering a synthesis of buddhist and western approaches to trauma. In M. M. Follette, J. Briere, D. Rozelle, J. W. Hopper,

& D. I. Rome (Eds.), *Mindfulness-oriented Interventions for Trauma: Integrating Contemplative Practices* (pp. 11-31). Guilford.
37) Turow, R. G. (2017). *Mindfulness Skills for Trauma and PTSD: Practice for Recovery and Resilience*. W.W. Norton & Company.

07 介護施設運営にいかす

38) Singh, N. N., Lancioni, G. E., Winton, A. S., Fisher, B. C., Wahler, R. G., Mcaleavey, K., Singh, J. & Sabaawi, M. (2006). Mindful parenting decreases aggression, noncompliance, and self-injury in children with autism. *Journal of Emotional and Behavioral Disorders*, 14 (3), 169-177.
39) Singh, N. N., Lancioni, G. E., Singh, A. N., Adkins, A. D., Singh, J., Chan, J. & Winton, A.S. (2009). Mindful staff can reduce the use of physical restaraints when providing care to individuals with intellectual disabilities. *Journal of Applied Research in Intellectual Disabilities*. 22, 194-202.
40) Singh, N. N., Lancioni, G. E., Winton, A. S., Karazsia, B. T., Myers, R. E., Latham, L. L. & Singh, J. (2014). Mindfulness-based positive behavior support (MBPBS) for mothers of adolescents with autism spectrum disorder: Effects on adolescents' behavior and parental stress. *Mindfulness*, 5 (6), 646-657.
41) Singh, N. N., Lancioni, G. E., Karazsia, B. T., Myers, R. E., Winton, A. S., Latham, L. L. & Nugent, K. (2015). Effects of training staff in MBPBS on the use of physical restraints, staff stress and turnover, staff and peer injuries, and cost effectiveness in developmental disabilities. *Mindfulness*, 6 (4), 926-937.
42) Singh, N. N., Lancioni, G. E., Manikam, R., Latham, L. L. & Jackman, M. M. (2016). Mindfulness-based positive behavior support in intellectual and development disabilities. In Ivtzan, I. & Lomas, T. (Eds.), *Mindfulness in Positive: Psychology the Science of Meditation and Wellbeing* (pp. 212-227). Routledge.
43) Singh, N. N., Lancioni, G. E., Karazsia, B. T., Chan, J. & Winton, A. S. (2016). Effectiveness of caregiver training in Mindfulness-Based Positive

Behavior Support (MBPBS) vs. Training-as-Usual (TAU): A Randomized controlled Trial. *Frontiers in Psychology*, 7. doi: 10.3389/fpsyg.2016.01549

44) Singh, N. N. & Jackman, M. M. (2016). Teaching individuals with developmental and intellectual disabilities. In D. McCown, D. Reibel, M. S. Micozzi, D. McCown, D. Reibel, M. S. Micozzi (Eds.), *Resources for Teaching Mindfulness: An International Handbook* (pp. 287-305). Cham, Switzerland: Springer International Publishing (pp. 297-303).

45) 堀之内高久『介護職のためのストレス対処法』中央法規出版（60頁）、1998年

46) Williams, Mark, J., Teasdale, John, D., Segal, Zindel, V. & Kabat-Zinn, J. (2007). *The Mindfulness Way through Depression: Freeing Yourself from Chronic Unhappiness*. Guilford. 越川房子・黒澤麻美（訳）『うつのためのマインドフルネス実践：慢性的な不幸感からの解放』星和書店、2012年

47) 大谷彰『マインドフルネス入門講義』金剛出版（150頁）、2014年

参考 マインドフルネスのプログラム例

　次頁の図は、本書で紹介したマインドフルネス・プラクティスの全体像です。今後、マインドフルネスを深めていくために、以下の取り組み方を推奨します。まずは2週間試してみましょう！

日課として行う基本プラクティス

- 呼吸瞑想（5分）（第1章01「マインドフルネスへのいざない」）あるいはボディスキャン（5～10分）（第2章03「共感力を高める」）いずれかを日課にしていきましょう。呼吸瞑想は慣れてきたら15分へ。
- 食べる瞑想（第1章02「ストレス低減のメカニズム」）や歩く瞑想（第1章03「うつから身を守るために」）など生活習慣を用いて今、この瞬間に気づくマインドフルネスの練習をしていく日常のマインドフルネス（第1章04「創造性を高めよう」）を日々耕していきましょう。

応用プラクティス

- 図では、基本プラクティスのまわりに応用プラクティスを配置しました。
- 応用プラクティスは、大きく三つの領域（情動調整、援助関係、職場での活用法）に分けられます。就業状況や自分に合う・合わないといった判断も加味して日常や仕事に役立ててください。

```
                        援助関係
        ┌─────────────────────────────┐

    ┌  ┌─────────────┬─────────────┬─────────────┐  ┐
    │  │ 第2章04      │ 第3章03      │ 第3章04      │  │
    │  │ 慈しみの瞑想  │ 認知症高齢者と行う│ 許しの瞑想   │  │
    │  │             │ マインドフルネス │             │  │
    │  ├─────────────┤             ├─────────────┤  │
    │  │ 第3章06      │             │ 第3章01      │  │
    │  │ 傷つきから身を守る│          │ 介護職を支える │  │
  情  │  │ マインドフルネス │          │ マインドフルネス │  職
  動  │  ├─────────────┼─────────────┼─────────────┤  場
  調  │  │ 第2章01      │ 第1章01      │ 第3章07      │  で
  整  │  │ 痛みの瞑想    │ 呼吸瞑想(5分〜15分)│ よりよい介護施設運営の│  の
    │  │             │      or     │ ためのマインドフルネス│  活
    │  ├─────────────┤ 第2章03      ├─────────────┤  用
    │  │ 第2章02      │ ボディスキャン │ 第3章05      │  法
    │  │ ネガティブな感情への│          │ リーダーシップをはぐくむ│  │
    │  │ マインドフルネス │          │ マインドフルネス │  │
    │  ├─────────────┤             ├─────────────┤  │
    │  │ 第2章05      │             │ 第3章02      │  │
    │  │ 注意力を高める二つの│         │ WLBを支える  │  │
    │  │ 瞑想         │             │ マインドフルネス │  │
    │  ├─────────────┴─────────────┴─────────────┤  │
    │  │ 第1章02〜04  日常のマインドフルネス(1日5分から)    │  │
    │  │       食べる瞑想・歩く瞑想                      │  │
    │  │       生活習慣を用いた今、この瞬間への気づき       │  │
    └  └─────────────────────────────────────────┘  ┘
```

■ 日課として行う基本プラクティス

□｝応用プラクティス

初出一覧

- 第１章01「マインドフルネス入門　第１回」『ケアマネジャー』2015年８月号、中央法規出版
- 第１章02「マインドフルネス入門　第２回」『ケアマネジャー』2015年９月号、中央法規出版
- 第１章03「マインドフルネス入門　第３回」『ケアマネジャー』2015年10月号、中央法規出版
- 第１章04「マインドフルネス入門　第４回」『ケアマネジャー』2015年11月号、中央法規出版
- 第２章01「マインドフルネス入門　第５回」『ケアマネジャー』2015年12月号、中央法規出版
- 第２章02「マインドフルネス入門　第６回」『ケアマネジャー』2016年１月号、中央法規出版
- 第２章03「マインドフルネス入門　第７回」『ケアマネジャー』2016年２月号、中央法規出版
- 第２章04「マインドフルネス入門　第８回」『ケアマネジャー』2016年３月号、中央法規出版
- 第２章05「マインドフルネス入門　第９回」『ケアマネジャー』2016年４月号、中央法規出版
- 第３章03「マインドフルネス入門　第10回」『ケアマネジャー』2016年５月号、中央法規出版
- 第３章04「マインドフルネス入門　第11回」『ケアマネジャー』2016年６月号、中央法規出版

謝辞

　この数年、マインドフルネスに関連する実証研究の急速な蓄積は、目を見張るものがあります。NHKをはじめとするメディアも2014年を境にマインドフルネスを断続的に取り上げ、専門誌からファッション雑誌に至るまで、マインドフルネスの特集を組むようになりました。

　しかし、国内の社会福祉、介護、ソーシャルワーク領域に目をやると、残念ながらマインドフルネスと交差する研究や実践は今も限られています。本書によって、福祉職、介護職、そして社会福祉の研究者の間にマインドフルネスの理解が深まり、働きやすさの促進と支援方法の改善がなされるならば、これほどの喜びはありません。

　マインドフルネスにもとづく福祉職・介護職の支援法を発信する私の原動力は、恩師、武田建先生（関西学院大学名誉教授）の支えにあります。武田先生は、自ら「折衷派（せっちゅうは）」と呼びます。「特定の理論や方法に固執するのは支援者のエゴ、クライアントの視点に立って柔軟な方法を選択できるようになりなさい」という先生の言葉は、今でも私の中に染みわたっています。武田先生の臨床へのまなざしがなければ、第三世代の認知行動療法とも呼ばれるマインドフルネス・ベーストの方法論に関心を寄せることはなかったでしょう。福祉現場から目を離さず、実践者を尊重し続ける武田先生の姿はいつも私の内にあります。先生の支えに深く感謝申し上げます。

　マインドフルネスの耕しは、マインドフルな方々とのかけがえのないつながりを与え続けてくれています。

　マインドフルネスへの扉を指し示してくれたボストン・トラウマ

センターの Bessel van der Kolk 先生、客員研究員として赴任した UCLA Mindful Awareness Research Center（MARC）でマインドフルネスの耕しを支えてくださった師匠 Diana Winston 先生、そして Marvin Belzer 先生、マインドフルネスにもとづく臨床メソッドを深めてくださった Daniel Siegel 先生。先生方を通じてマインドフルネスに出会えたことは、私にとってこの上ない人生の幸運でした。本当にありがとうございました。

　越川房子先生（早稲田大学教授）は、私のかかわる学術誌に快くご寄稿くださり、それがきっかけで国内におけるマインドフルネスの研修・研鑽（けんさん）の場を与えてくださいました。ともに東京で受講した Jon Kabat-Zinn 先生のマインドフルネス研修でのこと。呼吸瞑想中、こっそり目を開けると、そこには得も言えぬ美しき越川先生の趺坐（ふざ）姿。先生の澄みわたる人へのまなざしと心身から醸し出される温かな包容力は、私にとってマインドフルネスを続けていく励みとなっています。先生との出会い、そして支えにこころから感謝申し上げます。

　井上ウィマラ先生（高野山大学教授）は、臨床メソッドとしての理解にとどまっていた私に、テーラワーダ仏教に由来するマインドフルネスの深遠さへの入口を照らしてくださいました。女子少年院でのマインドフルネス・プログラム作りに苦慮していた際、瞑想そのものへのとらえ方を深め、拡張してくださった井上先生のご示唆は忘れられません。深くお礼申し上げます。

　大谷彰先生（メリーランド大学・終身フェロー）は、マインドフルネスの深みについて丹念に教えてくださり、私に豊かな人間関係の綾を編み込んでくださいました。2016 年秋、多忙なスケジュールを調整して関西学院大学人間福祉学部に客員教授としてご着任く

だき、半年にわたって豊富な臨床経験とエビデンスに基づく研究の読み解きから日本におけるマインドフルネスの将来像を見通していただきました。思いやりに満ちた大谷先生の一挙一動は、マインドフルネスの体現そのもの。一人の支援者として、そして人として、大谷先生は私の大切なロールモデルであり続けます。先生との出会いにこころから感謝申し上げます。

　本書は中央法規出版の多くの方々に支えられ、出版の運びとなりました。中央法規出版の月刊専門誌『ケアマネジャー』にて「マインドフルネス入門」というタイトルで1年間（2015年8月〜2016年7月）、連載の機会を与えてくださった編集長の國保昌さん、編集担当の高野礼嗣さん、郡啓一さんにこころからお礼申し上げます。そして、本書の企画から編集、校閲にわたって粘り強く支えてくださった本書編集担当、中島圭祥さん。中島さんご自身の禅の耕しから生まれたマインドフルネスへの熱意がなければ、本書は世に出ることはなかったことでしょう。中島さんとの出会い、そして無理難題を言う私に寄り添い続けてくださったこと、こころから感謝申し上げます。

　最後に、いつもマインドフルな温かさを与え続けてくれている妻・美留、娘・真和。本当にありがとう。亡き父、母に感謝を込めて。

2017年8月25日
池埜　聡

●著者略歴
池埜　聡（いけの　さとし）

神戸生まれ。カリフォルニア大学ロサンゼルス校（UCLA）大学院社会福祉学科博士課程修了（Ph.D.）。現在、関西学院大学人間福祉学部社会福祉学科教授。UCLA Asian American Studies Center客員研究員（2012-2013年）。専門は臨床ソーシャルワーク、心的外傷学（traumatology）、マインドフルネス。

臨床経験として、大阪の民間精神科クリニックにおいてシステム家族療法、アメリカ・コロラド州デンバーにあるAsian Pacific Development Centerにて臨床ソーシャルワーカーとして東南アジア難民支援に従事。法務省矯正局「女子少年院在院者の処遇体制充実検討会」外部アドバイザー、女子少年院マインドフルネス・プログラム講師及びコーディネーターなどを担当。

著書として、『ケアマネジメントにおける「援助関係の軌跡」：クライアントとの間にあるもの』関西学院大学出版会（2017年・共著）、『たましいの共鳴：コロンバイン高校、附属池田小学校の遺族が紡ぐいのちの絆』明石書店（2013年・共著）、『犯罪被害者支援とは何か：附属池田小事件の遺族と支援者による共同発信』ミネルヴァ書房（2004年・共著）など。

福祉職・介護職のための
マインドフルネス
― 1日5分の瞑想から始めるストレス軽減 ―

2017年9月15日 発行

著　者　池埜　聡
発行者　荘村明彦
発行所　中央法規出版株式会社

〒110-0016　東京都台東区台東3-29-1 中央法規ビル
営　　業　TEL 03-3834-5817　FAX 03-3837-8037
書店窓口　TEL 03-3834-5815　FAX 03-3837-8035
編　　集　TEL 03-3834-5812　FAX 03-3837-8032
https://www.chuohoki.co.jp/

装幀・本文デザイン　市川さつき（ISSHIKI）
本文イラスト　もとき理川
印刷・製本　株式会社アルキャスト

本書のコピー、スキャン、デジタル化等の無断複製は、著作権法上での例外を除き禁じられています。また、本書を代行業者等の第三者に依頼してコピー、スキャン、デジタル化することは、たとえ個人や家庭内での利用であっても著作権法違反です。

定価はカバーに表示してあります。　落丁本・乱丁本はお取り替えいたします。
ISBN978-4-8058-5572-0